JEAN MACÉ

PHILOSOPHIE
DE
POCHE

SUIVI DE

LE GRAND SAVANT

COLLECTION HETZEL

PARIS
J. HETZEL ET Cⁱᵉ, ÉDITEURS
18, rue Jacob.

PHILOSOPHIE

DE POCHE

TYPOGRAPHIE FIRMIN-DIDOT ET Cᴵᵉ. — MESNIL (EURE).

JEAN MACÉ

PHILOSOPHIE

DE POCHE

SUIVI DE

LE GRAND SAVANT

PARIS

J. HETZEL ET Cⁱᵉ, ÉDITEURS

18, RUE JACOB. 18

A Mademoiselle ANNA BENTZ.

Ma chère enfant de Beblenheim, mon souvenir vivant dans mes vieux jours, des meilleures années de ma vie, votre nom devait figurer, à mes côtés, de droit à tête de ce livre dont vous avez eu la primeur, chapitre par chapitre.

Je m'étais imposé la loi de n'y rien mettre d'embarrassant pour votre esprit, d'effarouchant pour vos délicatesses. Je le dédie, en votre personne, à toutes les femmes qui le liront, qui ont été de moitié avec vous dans mes préoccupations.

Vous avez été, toutes ensemble, les anges gardiens de ma pensée et de la forme à lui donner. Je les laisse sous votre invocation.

Jean MACÉ.

Pensionnat du Petit Château.

Monthiers, 15 avril 1893.

PRÉFACE.

Un Allemand — je savais son nom en 1835, alors que je m'en allais à Évreux, envoyé par Cousin pour y occuper une chaire de philosophie qui n'existait plus — un Allemand, dis-je, commence ainsi une histoire de la philosophie écrite en latin — ce n'est pas d'hier.

Adamus fuit ne philosophus ?
Adam a-t-il été philosophe?

Et il se répond gravement à lui-même : Oui, Adam a été philosophe.

Mon avis est qu'il avait parfaitement raison.

a

Il paraît à peu près certain, autant que nous sommes autorisés à en juger, que les animaux ne font pas de philosophie, pas de philosophie, à tout le moins, du genre de la nôtre. Or l'Adam de la Genèse qui vivait avec les animaux dans son Eden, qui était nu et ne s'en apercevait pas, qui ignorait le travail et n'avait pas la connaissance du bien et du mal, cet Adam-là, selon toute apparence, ne faisait pas non plus de philosophie.

Changement à vue après qu'il a mordu à la pomme de l'Ève tentatrice. Une notion s'est éclairée en lui, qui demeurait obscure jusque-là pour son intelligence. Il peut raisonner du bien et du mal; et c'est là le meilleur de notre philosophie.

Faut-il en conclure qu'aux termes de la légende biblique, à la femme revient l'honneur d'avoir fait monter l'homme de l'état animal à l'état humain, autant dire philosophique, et j'ajouterai religieux. Pourquoi non? N'est-ce pas dans la femelle, toujours prête à se dévouer pour son petit, que la maternité fait jaillir les premières lueurs du sens moral chez l'animal? Il est tout indiqué qu'il aura dû faire son entrée en règle dans notre espèce par cette porte entr'ouverte déjà dans les espèces inférieures.

Tout ceci pour vous dire que la philosophie date du premier homme qui se sera demandé compte de ses actes, inquiété de la raison d'être des choses, qui aura cherché la loi des faits auxquels il assistait, et que tous tant que nous sommes, nous faisons de la philosophie comme Monsieur Jourdain faisait de la prose, sans le savoir.

Qu'il y ait après cela des philosophes de profession, libre à eux. Qu'ils fassent des livres conformes à leur état, c'est dans l'ordre. Le titre de celui-ci indique assez qu'il n'aura rien de professionnel. Ce sera un livre à emporter sous les arbres. C'est là qu'il a été pensé solitairement, pendant de longues années, loin de toute chaire, sans nul souci d'école. Il faudra le mettre dans son cadre.

JEAN MACÉ.

Monthiers, 27 janvier 1893.

PHILOSOPHIE

DE POCHE.

L'UNIVERS ET DIEU.

I.

Allez-vous-en, mon ami, dans la Lune d'où la lumière nous arrive en un peu plus d'une seconde, et, de là, cherchez-moi à la place où nous sommes en ce moment.

Vous apercevrez dans le ciel une grosse boule sur laquelle je vous défie bien de retrouver, je ne dis pas ma petite personne, mais tout ce qui l'entoure, avec le

bois qui est là-bas. Le plus puissant de
nos télescopes n'y suffirait pas, si vous
l'aviez emporté avec vous.

Allez plus loin, dans l'étoile que les astronomes appellent l'Alpha du Centaure,
et qu'ils sont unanimes à proclamer notre
plus proche voisine. Elle n'est qu'à
10.000 milliards de lieues d'ici, et la lumière qu'elle envoie ne met que 4 ans et
128 jours à nous arriver.

Votre pensée va bien plus vite puisque
vous y êtes. Regardez de mon côté.

Disparue la Terre, et avec elle Mars,
Vénus, Jupiter et le reste de nos planètes.
Toutes ensemble, jusqu'à Neptune qui est
à 1.100 millions de lieues du Soleil, ne
forment plus, avec l'astre central, qu'un
seul point lumineux, si petit qu'il disparaî-
trait tout entier derrière le fil tendu en travers du champ des lunettes astronomiques.

Inutile de vous demander quelle place
les immensités de nos Océans peuvent
bien tenir sur ce point lumineux.

Ce n'est pas tout. Avec de bons yeux, on parvient à distinguer dans le ciel de toutes petites taches blanchâtres auxquelles on a donné le nom de *Nébuleuses* (nuages), et qui dans les grands télescopes se décomposent en myriades d'étoiles. La Voie Lactée, cette longue bande picotée de points lumineux que nous voyons, dans les belles nuits d'été, s'étendre sur une si grande partie du Ciel, la Voie Lactée est une de ces Nébuleuses. C'est la nôtre. On évalue déjà à 18 millions le nombre de ses étoiles, et notre soleil, avec tout son cortège de planètes, n'est qu'une simple unité perdue dans ces 18 millions. Impossible jusqu'à présent de calculer la distance qui nous sépare des autres Nébuleuses. Les uns supposent que la lumière qui en vient ne nous arrive qu'après des centaines de milliers d'années; d'autres disent des millions — il ne coûte rien d'aligner des chiffres quand on ne peut pas savoir. Or, les astronomes, en fouillant le ciel avec leurs instruments, ont relevé déjà des milliers de Nébuleuses; mais autant vouloir compter les arbres d'une forêt qui s'en va à perte de vue.

Allez-vous-en dans une Nébuleuse quelconque — voisine ou non, il importe peu — et regardez encore une fois de mon côté.

Disparu notre Soleil à son tour. Le voilà noyé avec ses 18 millions de camarades, dans un coin de cet amas de petites taches dont le catalogue devient plus effrayant tous les jours, un catalogue qui ne sera jamais fermé.

Ah! j'oubliais. J'espère bien que vous ne serez pas allé trop loin, là où nos télescopes n'ont pu encore atteindre, car alors bonsoir pour la Voie Lactée. Même avec eux, il n'en resterait plus rien.

Que devient dans tout cela l'imperceptible globe terrestre qui est 1.280.000 fois plus petit que le Soleil? Et nous-mêmes, que reste-t-il de notre importance?

Rentrons chez nous, mon ami, et ramassez avec vos doigts, si vous le pouvez, un imperceptible d'un autre genre, cet insecte à peine visible qui se cache, à vos pieds, dans le repli d'un brin d'herbe.

C'est le microscope qui va entrer en scène maintenant. Toutes nos grandeurs s'évanouissaient, l'une après l'autre, dans ce voyage à travers l'infini de l'espace. Il n'y aura plus rien de petit dans le nouvel infini que nous abordons.

Un colosse, cet insecte! Impossible à l'œil de l'embrasser d'un coup. Il va falloir le détailler en morceaux impalpables que la pointe d'une fine aiguille pourra seule saisir; et remis sous le verre magique, chacun de ces morceaux va devenir un monde divisible sans fin. Peut-être en cherchant bien trouverez-vous, collé aux parois de la carapace du géant, un parasite vivant sur lui, comme la puce sur l'éléphant; et, de grossissement en grossissement, celui-ci vous livrera, une à une les merveilles de son organisation, sans que vous puissiez jamais vous flatter d'en avoir touché les limites. Dans cet atome vivant il y a nécessairement un liquide nourricier, jouant le rôle de notre sang. Nécessairement aussi, ce liquide est habité, à l'instar de notre sang, par des légions d'autres atomes animés, ayant eux-mêmes leur organisation propre, comme les globules du sang de l'homme. Et ceux-là, ont-ils aussi leurs globules?

Nous poursuivions tout à l'heure par la pensée les Nébuleuses visibles et invisibles qui pullulent les unes derrière les autres, dans l'abime insondable de l'espace. Celui-ci n'a pas de fond non plus. La pensée recule d'épouvante quand on la force à le sonder.

Que sommes-nous entre ces deux infinis, dont l'un nous anéantit, dont l'autre nous rend incommensurables? Que sont-ils eux-mêmes? D'où viennent-ils? Que deviendront-ils? Quelle est la raison d'être et la destinée de tout ce qu'ils embrassent dans leur envergure continue, insaisissable à ses deux bouts, sans milieu possible à déterminer?

Redoutable problème qui s'impose forcément à tout homme se mêlant de philosopher. Il n'y a pas de penseurs qui puissent lui échapper, à commencer par ceux-là mêmes qui ont la prétention de lui tourner le dos. On les reconnait la plupart du temps à cela qu'ils sont hantés par lui plus que les autres, et qu'ils ne peuvent pas en parler sans colère. C'est sa manière de se venger.

La seule ressource avec lui est de ne pas y penser. Heureux, si vous voulez, sont les animaux : ils n'y pensent pas. Heureux aussi, à leur manière, était l'homme dans son Paradis animal : il ne devait pas y penser plus qu'eux. Heureux aussi, direz-vous, les hommes qui en ont la solution. Hélas! Vous venez de le voir, à mesure que l'humanité est mieux armée pour l'étudier, il se fait plus redoutable, et confond davantage l'esprit qui le contemple. Le progrès humain n'a consisté vis à vis de lui jusqu'à présent que dans l'élimination successive pour les hommes d'étude et les penseurs des solutions qui en avaient été données, que dans la conception plus nette de sa hauteur infranchissable.

Chateaubriand a dit quelque part que la bonne femme de village qui ' égrène son chapelet en sait plus long sur le grand problème qu'Aristote, Platon et tous les philosophes de l'antiquité. Je le crois volontiers. Elle sait, elle, à quoi s'en tenir là-dessus. Eux, sans être allés aussi loin qu'à présent dans les secrets du grand Tout, ils en savaient assez déjà pour ne pas se contenter de la solution qui la contente, et qui date de plus loin qu'eux.

Et pourtant, solution philosophique à part, elle est dans le vrai absolu, la brave créature. Elle sait que tout est bien arrangé, et qu'elle doit obéir à la loi du devoir tel qu'elle le conçoit. Je ne vois de port assuré pour l'entendement humain que dans cette croyance-là qui est, à mon sens, le dernier mot de la philosophie.

II.

On aura beau prêcher qu'il ne faut pas chercher la cause, l'homme ne lui échappera pas. C'est elle qui le cherche. Les premiers contemplateurs n'ont pu faire autrement, en regardant leur univers, que de se poser cette question qui n'a pas bougé depuis eux :

D'où vient tout cela? Qui le gouverne?

Cosmogonies et théologies ont fait ensemble leur apparition, bras dessus, bras dessous. Le commencement de la philosophie aura été le commencement de la religion. Nées toutes deux en même temps des besoins nouveaux entrés dans l'espèce humaine, le besoin de s'expliquer l'origine

des choses et le besoin d'en avoir la règle, elles ne pouvaient pas aller l'une
sans l'autre.

Il était bien petit, l'univers du penseur
primitif : il n'allait pas plus loin que son
horizon. La divinité rêvée devait être à sa
taille. En revanche, tout y était mystère.
Une armée de mystères commandait une
armée de dieux.

Les vieilles religions historiques, celles
qui remontent pour nous à 7 ou 8.000 ans,
sont déjà bien loin des imaginations du
commencement. Nous les voyons établies
dans des sociétés en pleine civilisation,
dont les origines se perdent dans la nuit
des temps. Des castes sacerdotales s'y trouvent constituées qui détiennent, de père en
fils, le dépôt sacré des croyances, règles de
la vie des masses dont elles mettent l'esprit en repos. Elles n'en conservent pas
moins la trace évidente de l'ignorance
naïve des ancêtres, des cosmogonies fan-
tastiques et des dieux à l'image de l'homme,

présidant aux divers phénomènes de la nature, en communication personnelle avec les mortels privilégiés, auxquels ils ont confié le soin de conduire les hommes dans la voie du bien. C'est là-dessus que la masse humaine a vécu pendant de longs siècles, et il faut bien que cette phase de son existence ait eu sa raison légitime, puisqu'elle a duré si longtemps. Rien ne peut durer dans la vie des êtres qui va contre leur loi.

Ce qui n'a pas duré, c'est la concordance de la conception de l'univers avec le gouvernement qui lui avait été donné, c'est la concordance de la philosophie et de la religion, les deux sœurs jumelles. Fait bizarre, qui était inévitable, c'est précisément au sein des castes gardiennes attitrées des croyances religieuses que s'est produit le désacord. Délivré par le privilège attaché à sa fonction de tout souci des besoins matériels, voué par conséquent à l'étude et à la méditation, le prêtre a été et devait être le premier savant. Avant les autres, il a pu soulever un coin du voile qui nous cache les lois de la nature; avant les autres, il a vu s'évanouir les fantômes divins de fabrication humaine, ces dieux camarades de l'homme, ayant leurs peuples à eux, qu'ils gratifiaient de prodiges payés par des offrandes.

Ces dieux-là pourtant, il ne pouvait pas les jeter par-dessus bord sans une double trahison : il en avait la garde, et la caste en vivait. Un compromis a tout arrangé.

Les témoignages de l'antiquité font foi qu'il y avait deux doctrines enseignées dans les vieux temples de l'Égypte et de la Chaldée, celle des dieux du peuple, faiseurs de miracles, et celle du dieu des sages, muet, impénétrable, enfermé comme en un sanctuaire dans l'inconnu. Rien à gagner avec ce dieu inaccessible, révélé par la science naissante. Défense d'en parler : il aurait gâté le métier.

Le sacerdoce avait enfanté l'hydre qui

devait l'étouffer. La science était une force de plus entre ses mains ; mais quel danger si elle allait en sortir pour courir le monde ! Toutes les théologies sont solidaires de leurs cosmogonies. Les dieux du petit univers, du ciel solide, porté par les montagnes et séjour de la cour céleste, ces dieux avides de moutons et de bœufs perdaient leur droit au culte en perdant leur domicile. Chaque pas fait en avant dans la révélation des lois de la nature est un recul de la révélation surnaturelle. Laquelle des deux l'emporterait, le jour où elles se trouveraient en contradiction ? On le savait par expérience dans les temples ; et l'édifice social élevé sur la base du surnaturel ne serait-il pas menacé de crouler avec lui, les emportant dans sa chute ? Il ne faut pas s'étonner si les créateurs de la science humaine ont fait si longtemps bonne garde autour d'elle, si la divulguer, la livrer au vulgaire, était pour eux le crime inexpiable.

Les siècles ont passé sur cette interdic-
tion. La science a, de longue date, rompu ses
chaines, et dans ces trois cents dernières
années elle a pris un essor qui l'a emme-
née bien loin du point, déjà périlleux, où
l'avaient menée les prêtres d'Assur et d'Am-
mon. Il n'y a plus de mythologie qui tienne
debout devant elle; mais le Dieu des sages est toujours là que l'on ne renversera
pas : on ne peut pas l'atteindre.

Si les vieux sages en savaient assez déjà
pour s'être élevés à la conception d'une
puissance mystérieuse, présidant du fond
de l'inconnu à l'ordre universel, à plus
forte raison la science d'aujourd'hui, mieux
armée que la leur, est-elle amenée à recon-
naitre une force intelligente, toujours obéie,
qui règle toutes choses, et qui régit aussi
bien les combinaisons des atomes que la
course des astres et les arrangements si
compliqués des organismes. La formule
scientifique de cette force intelligente a été
donnée bien avant nous par le philosophe

grec qui a dit, ne sachant peut-être pas si
bien dire : Tout se fait *selon nombre, poids
et mesure.* Certes, nos chimistes, nos phy-
siciens et nos astronomes ont encore plus
autorité que lui pour le proclamer, et n'est-
ce pas la proclamation d'un plan universel qui s'exécute invariablement, sans résistance possible, jusque dans les plus petits
détails?

Ce plan est mieux que visible, il saute
aux yeux de quiconque promène un regard
exercé sur l'univers tel que nous le connaissons. Ce qui est invisible, c'est l'intelligence dont il procède, c'est la main qui
veille à son exécution. Je dis : la main,
parce que nous sommes entraînés d'instinct à prendre en nous-mêmes des points
de comparaison pour donner un corps à
l'idée que nous nous faisons des choses;
mais il est bien clair que ce n'est pas d'une
main comme la nôtre qu'il peut s'agir ici.
De même, on arrive à dire : le grand Ingénieur, le grand Architecte, parce que

notre esprit est ainsi fait qu'il ne peut pas concevoir un plan sans un ingénieur qui l'aurait dressé, une construction sans un constructeur, et l'idée que ces mots-là réveillent en nous ne trouve à saisir qu'un ingénieur, un architecte du genre des nôtres. Il est bien clair aussi que ce n'est pas cela.

Qu'est-ce? Inconnu.

Or, mise en demeure de se prononcer sur un inconnu qui manifeste sa présence, la raison ne peut pas admettre qu'il soit absent. X n'est pas zéro. Cet X, c'est Dieu, pour lui donner le nom consacré. Donnez-lui le nom que vous voudrez, vous ne changerez pas la question en changeant le dictionnaire.

Maintenant, ce Dieu inaccessible, même à la pensée, sur lequel personne ne peut mettre la main, et dont il était défendu jadis de parler hors des temples, ce Dieu-là qui échappe nécessairement au sacerdoce, est pour lui comme s'il n'existait pas; et l'on peut s'expliquer facilement ce mot de Dupanloup, monstrueux au premier abord :

Le déisme qui est une des formes de l'athéisme.

L'évêque d'Orléans, qui était de force à se rendre compte, aurait très probablement mieux rendu sa pensée en disant : *la pire des formes.* Quoi de pire pour qui représente Dieu sur la terre qu'un Dieu qui n'a pas de représentant, qui ne peut pas en avoir ?

Retournez le mot : *l'athéisme qui est une des formes du déisme.*

Il sera tout aussi juste, même avec sa variante de tout à l'heure, dans bien des cas.

Que penser d'un athée, se faisant gloire de l'être, sur lequel le mot Dieu fait l'effet du rouge sur un taureau, et qui le bifferait, si on le laissait faire, jusque dans les fables de La Fontaine ? Je prends un penseur sérieux dans ses colères, car si par hasard il paradait pour la galerie, in-

2

soucieux au fond de la question, il ne
compterait pas, philosophiquement par-
lant.

Il ne se peut pas que cet athée convaincu
soit dans l'ignorance complète des conditions d'existence de l'univers qu'il a devant
lui, ni qu'il n'ait jamais arrêté son esprit
sur le problème qu'elles lui posent. Il faut
croire que ce problème est pour lui d'une
importance capitale puisqu'il s'irrite à ce
point de la solution qui n'est pas la sienne.
Si l'emploi du mot Dieu l'exaspère, c'est
qu'apparemment il en a un autre auquel
il tient beaucoup, ou bien qu'il rejette tous
les mots comme insuffisants, indignes d'exprimer une idée trop haute pour la parole
humaine. En cela il aurait raison, si l'homme
aux prises avec une idée pouvait se passer
d'un mot correspondant à cette idée.

De là au droit de se dire athée il y a
loin.

Alignez quatre aiguilles de boussole, et
placez-les devant un aimant contenu dans

une boite bien fermée. Immédiatement
elles vont braquer sur lui une de leurs
pointes.

L'une dit : Ce qu'il y a là dedans est
rond : je le sais; il me l'a révélé.

Une autre dit : Ce qu'il y a là dedans est
carré : je le sais; il me l'a révélé.

Une troisième dit : je ne connais pas la
forme de ce qu'il y a là-dedans; je n'ai pas
eu de conversation avec lui. Ce que je sais,
c'est qu'il y a quelque chose, se manifes-
tant par un effet produit.

La quatrième dit : il n'y a rien là-dedans.
Et elle le dit avec fureur, en braquant sa
pointe comme les autres.

Une épingle est à côté, laquelle ignore
que la boite est habitée. Elle ne bouge
pas, et ne dit rien.

C'est l'épingle qui est l'athée : l'aimant
n'existe pas pour elle.

La quatrième aiguille est une déiste en-
ragée. La boite mystérieuse la met, comme
on dit familièrement, dans tous ses états.

Puisque la grande boîte de l'univers est trop bien fermée pour nous, puisque nous sommes impuissants à parler en connaissance de cause du mystère qu'elle renferme, renonçons pieusement à forcer le sanctuaire, à poursuivre dans le noir ce qui se dérobe à notre entendement; et cherchons à voir le plus clair que nous pourrons dans l'effet produit, accessible à notre étude.

LE MOUVEMENT DES ASTRES
ET DES ATOMES.

Les vieilles gens sont exposés à des en-
nuis. Leur siège était fait, je veux dire
leur vocabulaire; on le leur change sans
crier gare. Il n'y a rien de changé au
fond la plupart du temps. N'importe, cela
les déroute.

Je me rappelle avoir entendu jadis, en Al-
sace, un médecin, qui n'était plus jeune, se
plaindre amèrement des métamorphoses in-
fligées à son vieil acide muriatique dont on
lui avait fait l'acide hydrochlorique, pour'
en faire ensuite l'acide chlorhydrique, en
attendant mieux. C'est à ne plus s'y re-

connaître, me disait-il. Le peuple, plus
fidèle aux vieux noms, a gardé le sien à
ce malheureux acide, plusieurs fois nommé
par les savants. On vous le donnera chez
l'épicier sous le nom qu'il portait à Paris
avant la Révolution, l'eau de javelle, avec
une faute d'orthographe, un nom qu'il devait à l'antique fabrique de produits chimiques de Javel, dont on voit encore les
bâtiments noircis, en descendant la Seine
jusqu'au viaduc du Point-du-Jour. Acide
muriatique, acide hydrochlorique, acide
chlorhydrique, eau de Javelle ou de Javel;
c'est toujours le même produit; continuant,
sous tous ses noms, de faire la joie des
blanchisseuses et le désespoir de leurs
pratiques, par sa double propriété d'enlever les taches et de brûler le linge.

Il faut me pardonner ce bavardage de
vieillard; mais voilà qu'au moment de
vous raconter ce que j'ai appris de physique et de chimie dans des livres qui ne
sont pas d'aujourd'hui, j'apprends qu'on

a changé tout le vieux jeu, et qu'il n'y a
plus que du mouvement dans le monde.
Mouvement, la chaleur; mouvement, la
lumière; mouvement, l'affinité chimique;
mouvement, la pensée, — on est allé jusque-là, parait-il. Va donc pour le mouvement! puisqu'aussi bien cela ne change
rien au fond des choses. La chaleur continue de chauffer, la lumière d'éclairer,
les corps de se combiner de la même façon, la pensée de se moquer de ceux qui
savent à quoi s'en tenir sur son compte.

Une observation seulement, avant de
commencer.

J'ai dans ma poche un petit objet rond
et plat dans lequel il n'y a bien réellement
que du mouvement, un mouvement toujours le même, qui se communique d'une
pièce à l'autre, produisant des résultats de
marche différents. J'y vois une aiguille,
qui marque les minutes, une autre les
heures, mues toutes deux par des roues
qui tournent avec des vitesses inégales, et

empruntent elles-mêmes leur mouvement à d'autres roues, dont les tours sont déterminés par un balancier en agitation perpétuelle.

La cause initiale de tous ces mouvements, je ne la vois pas quand j'ouvre la boîte de ma montre; mais je la connais. Je sais que c'est un ressort qui se détend, et que tout rentrera dans l'immobilité quand le ressort aura achevé de se détendre, image assez fidèle de la vie des êtres organiques qu'on pourrait comparer à des montres douées de la faculté de se remonter elles-mêmes par l'alimentation, jusqu'à extinction de la force élastique de leur ressort.

Tout cela se comprend assez; mais à une condition, c'est qu'il y ait dans la montre un ressort, et dans l'être organique aussi, — dans le monde également. C'est bon à savoir qu'il n'y ait en lui que du mouvement; mais ce mouvement n'explique rien à lui tout seul, sans la donnée d'un moteur, d'une force latente donnant le branle à la machine. Encore faut-il que ce mouvement unique rencontre, ici comme dans la montre, des pièces adaptées d'avance, sur un plan précis. Et ce plan, qui l'a conçu et exécuté? La réponse est facile pour la montre : un horloger, personnage dont la notion est très nette pour nous. Nous n'avons pas besoin de le voir pour savoir qu'il existe, ou a existé. L'horloger du monde est d'autre sorte. Nous n'avons pas sa notion, ni nette, ni même obscure; mais il faut bien qu'il existe. Sans lui, le monde ne marcherait pas. Bonsoir pour le mouvement!

Ceci dit pour rattacher la physique et la chimie à la théologie, j'entre en matière. Je n'ai justement à vous parler que de mouvement pour commencer.

La plus en vue des lois physiques, celle qui semble tenir, si je puis m'exprimer ainsi, le plus de place dans le monde, c'est l'attraction universelle, mise en lu-

mière par Newton, laquelle préside dans
le Ciel à la course des astres, sur notre
Terre à ce que nous appelons la pesanteur.
Tous les corps sont attirés les uns vers les
autres par une force qui grandit en raison
de leur masse, qui diminue en raison de
leur distance, dans une mesure dont nous
avons la certitude : le calcul mathémati-
que la démontre péremptoirement. Si nous
voyons tomber les corps abandonnés à eux-
mêmes, c'est que la Terre les attire à elle.
Si la Terre demeure enchaînée dans l'orbite
qu'elle décrit autour du soleil, c'est qu'il
l'attire à lui. De même pour toutes les planètes de notre système solaire dont nous pouvons calculer la marche, avec leurs conditions respectives de masse et de distance,
et pour notre Lune dont la Terre est le Soleil. Étoiles et Nébuleuses ont échappé jusqu'à présent à nos calculs; mais il est
permis d'affirmer hardiment qu'on obéit
là-bas comme ici à la loi universelle de
l'attraction.

Je viens de dire que cette loi présidait dans le ciel à la course des astres. Elle n'est pas seule à y présider. Si les astres n'obéissaient qu'à l'attraction, ils iraient droit où elle les appelle. La lune tomberait sur nous, et le soleil aurait bientôt absorbé tous ses satellites. Or, c'est à une course en rond que nous assistons. C'est qu'il y a là deux forces dont les actions se contre-balancent, l'une qui retient l'astre à son point central, comme la fronde retient à la main du frondeur la pierre qu'il fait tourner, l'autre qui l'emporterait dans l'espace si, à son tour, elle agissait seule. Ces deux forces ont reçu le nom de *Centripète* et *Centrifuge*, qui court au centre, et s'enfuit du centre. L'écuyer de cirque qui se penche, fait une prouesse à bon marché. La force centrifuge qui se développe dans tous les corps emportés par un mouvement circulaire, colle le cavalier au flanc de sa monture, et plus le galop se précipite, plus il est solide dans sa posture invraisemblable.

C'est un mouvement de ce genre là qui
emporte la Lune autour de la Terre, les
planètes autour du soleil, et les astronomes
font honneur à la force centrifuge dévelop-
pée par lui de la résistance que rencontre l'attraction, la force centripète, dans
l'appel incessant de l'astre central à ses
satellites. Il doit y avoir autre chose.

Rien n'est grand, ni petit, dans le double
infini de l'univers, et tout y est réglé uni-
formément. La loi des astres est la loi des
atomes : il n'y a pas de hardiesse à l'affirmer.

Lequel est l'astre? Lequel est l'atome?

Vu à distance suffisante, tout notre système solaire ne ferait plus au ciel qu'un
point microscopique, dans lequel dispa-
raîtraient les intervalles, pour nous gigan-
tesques, qui séparent ses éléments.

Grossi indéfiniment au microscope, le
plus petit des grains de sable deviendrait
une immensité, avec d'autres intervalles
séparant aussi ses éléments. Cela, nous ne

pouvons pas le voir de nos yeux, la pensée le voit, parce que c'est forcé. Le tout est de pouvoir regarder d'assez près, comme d'assez loin.

Il s'ensuivrait que nous sommes en droit d'arguer des mondes lointains par celui qui tient dans notre main, et sur lequel nous pouvons constater des faits impossibles à constater sur les autres.

Or, il est un fait facile à constater dans tous les corps solides, accessibles à notre observation, c'est que leurs éléments sont soumis à deux forces antagonistes, l'une dite : la *Cohésion*, en vertu de laquelle ils s'attirent et demeurent enchaînés ensemble, l'autre en vertu de laquelle ils se repoussent et sont maintenus à distance : on lui a donné le nom de *Calorique*.

Cohésion, attraction, c'est l'effet et la cause : l'effet est constant, comme la cause. Quant au calorique, connu de tous sous lb nom de chaleur, son action est constante aussi. Le volume des corps augmente et diminue à chaque instant, selon que leur température s'élève ou s'abaisse. L'on n'y prend pas garde parce que ces changements sont presque toujours insensibles ; mais chauffez fortement une clef bien ajustée au trou de sa serrure, elle refusera d'y entrer ; refroidie, elle reprendra son service, preuve incontestable que ses molécules, qui se sont écartées dans le premier cas, sont revenues à leur position habituelle dans le second, car il est bien certain que dans l'un et l'autre, il n'y en a pas une de plus, pas une de moins.

Ce n'est pas tout. Nous disons qu'un corps est chaud, qu'un corps est froid, selon qu'il est plus chaud ou plus froid que nous, parce qu'alors il nous donne de la chaleur, ou nous en prend, le calorique allant et venant sans cesse d'un corps à l'autre, pour s'y mettre au même niveau. Tant qu'il entre et sort ainsi librement, il est dit calorique *libre* ou *sensible*, parce qu'il fait sentir son départ et son arrivée

dans les corps qu'il quitte, ou qu'il en-
vahit.

À cet état, il bataille en quelque sorte
avec la cohésion, la refoulant devant lui,
quand il entre en force dans le corps, pour
écarter ses atomes les uns des autres, ou
reculant devant elle pour les laisser se
rapprocher, quand une sortie l'affaiblit.

Si l'afflux du calorique prend des proportions qui diffèrent d'un corps à l'autre,
l'écartement des atomes atteint une limite
à laquelle la cohésion, à bout de force,
détend leur chaine. Elle leur permet de
rouler les uns sur les autres, et le corps
passe de l'état solide à l'état liquide. Au
même instant, une portion du calorique,
correspondante à la somme d'énergie ra-
menée à elle par la cohésion, s'immobilise
dans le corps pour lui faire tête : c'est la
rançon qu'il paie pour ses affranchis. Le
calorique ainsi immobilisé, retiré de la circulation, ne peut plus se produire au dehors : de libre et sensible il devient *latent*,

c'est-à-dire caché. La rançon à payer est bien plus forte encore, quand les atomes surchauffés s'écartent au point où leur chaîne, détendue bien davantage, permet au corps de passer de l'état liquide à l'état gazeux. Le montant des deux rançons à payer peut s'évaluer rigoureusement, car le calorique ainsi disparu reparaît tout entier, quand le départ de celui qui restait libre mettant la cohésion en mesure de reprendre ses droits, le gaz se liquéfie, et le liquide se solidifie.

J'en reste là, ne voulant pas embarquer ma philosophie dans un cours de physique en règle. Qu'il vous suffise de savoir que des expériences mille fois répétées ont rendu indiscutable ce qui vient d'être dit. Que l'on considère le calorique comme un fluide voyageur, ou comme un mouvement qui se déplace, le résultat des expériences faites reste le même pour sa disparition et sa réapparition dans la bataille engagée entre lui et la force, quelle qu'elle soit, qui enchaine les atomes à l'intérieur des corps.

Étant prouvé que les choses se passent ainsi dans le monde des atomes, il n'est pas possible qu'elles se passent autrement dans le monde des astres, et qu'un calorique latent, dont rien ne nous décèle la présence, ne fasse pas tête à l'attraction pour maintenir dans un état de liberté relative les atomes célestes de notre système solaire. On est en droit d'en dire autant de ceux de la voie lactée, notre Nébuleuse, et les Nébuleuses elles-mêmes, qui s'attirent aussi entre elles bien certainement, ne peuvent pas échapper plus que le reste à la loi du calorique, aussi universelle que celle de l'attraction dont elle est inséparable. Où s'arrêterait son action, si elle n'allait pas partout?

Qui aurait le mot d'un grain de sable, a dit Pascal, aurait le mot de l'univers. Avoir le mot du grain de sable, il ne faut pas y prétendre, non plus que celui de

l'univers ; mais la loi de l'un est la loi de
l'autre, sans un doute possible pour qui
veut y réfléchir. C'est ce que j'ai cherché
à établir.

L'explication du mouvement de rotation
des astres autour de leur point central
par une impulsion une fois donnée, comme
celle qu'un joueur de boule imprime à
son projectile, cette explication, acceptée
faute de mieux, est une conception qui
n'a jamais pu entrer dans ma tête. Une
action permanente comme celle de l'attraction, ne peut avoir pour contrepoids
qu'une action de même nature. Si dès le
principe, l'immense sphère de matière
cosmique, qui a donné naissance, comme
on l'admet, aux éléments de notre système
solaire, tournait sur elle-même, pourquoi
ne pas attribuer ce mouvement primitif de
rotation à la double force d'attraction et de
répulsion qui agissait alors nécessairement
sur tous ses atomes, comme elle agit actuellement, nous en avons la preuve, sur

les atomes soumis à notre étude? Conception pour conception, celle-ci n'est-elle pas plus conforme à l'observation des faits, plus conforme aussi à l'idée que l'on doit se faire de l'ordre universel?

Rapprochement curieux, c'est un compatriote et un contemporain de Newton, Joseph Blake, qui a démontré la loi du calorique latent, quatre ans avant la chute de la fameuse pomme, inspiratrice de la découverte de l'attraction universelle. Si j'ajoute que Joseph Blake a été, lui, l'inspirateur de James Watt dans les recherches qui l'ont conduit à l'invention de la machine à vapeur, vous conviendrez qu'il méritait d'être nommé.

LES COMBINAISONS CHIMIQUES.

Nous venons d'assister à la bataille à l'intérieur des corps de la cohésion et du calorique, les deux forces rivales qui se disputent le mouvement des atomes, agissant sur eux de concert pour les rapprocher et les écarter, se neutralisant mutuellement ou reprenant chacune leurs droits lors du passage des corps d'un état à l'autre. Nous allons retrouver cette double action d'attraction et de répulsion, avec leur neutralisation réciproque, produite par une seule et même force, l'électricité, la force des forces, celle en qui semblent se concentrer toutes les autres.

Il est bien difficile de dire au juste ce que c'est que l'électricité. Elle aussi ne se fait connaître que par les effets qu'elle produit, et pour rendre son jeu compréhensible, on se trouve presque forcé de la présenter comme une substance à part, un fluide, selon l'expression consacrée. Acceptons donc la supposition d'un fluide électrique, qui tantôt s'accumule sur les corps, tantôt s'en retire, et détermine ainsi en eux deux états différents, deux vraies maladies, l'une d'engorgement, l'autre de disette. Atteints du même mal, pour continuer la comparaison, les corps se fuient, n'ayant pas de soulagement à s'apporter, dans le cas contraire, ils accourent s'entr'aider, le trop plein de l'un comblant le vide de l'autre, et la maladie, je veux dire l'électricité sensible, disparaît. Elle devient latente, absolument comme le calorique que je soupçonne fort du même commerce avec la cohésion dans le changement d'état des corps. Attraction, répulsion, neutralisation, c'est toujours la même formule.

Les deux états électriques des corps, le trop plein et le vide ont reçu les noms de *positif* et *négatif* que je vous donne tels quels. Nous aurons à nous en servir tout à l'heure.

Je ne pouvais me dispenser de cette explication préalable avant d'aborder une forme de l'attraction plus compliquée que celle aperçue par Newton, et dans laquelle l'électricité joue un rôle dont nous avons pu dérober le secret. C'est *l'affinité chimique*, pour lui laisser son nom déjà séculaire, si mal choisi qu'il ait été.

Affinis veut dire en latin : parent. Quand on dit d'un corps qu'il a de l'affinité pour un autre, cela semblerait indiquer qu'ils sont parents. C'est tout le contraire. Le penchant qu'ils ont l'un pour l'autre, et qui sollicite leurs atomes à s'unir, est en raison directe de leur différence de nature, et cette différence est déterminée par un

état électrique spécial à chacun d'eux vis-
à-vis des autres, lequel persiste dans les
atomes à côté des états électriques acci-
dentels survenant aux corps qu'ils composent. Plus cet état diffère, moins par suite
ils sont parents, plus fort est le penchant
qui les entraine l'un vers l'autre.

L'on a pu s'en assurer au moyen de la
pile électrique qui, comme l'aimant, a ses
deux pôles, l'un positif, l'autre négatif —
dispensez-moi de cette explication-là — et
dans laquelle les atomes liés ensemble par
l'affinité chimique rompent leurs liens
pour aller courir aux pôles. Là, ils sont
bien forcés de trahir leur état électrique
respectif. Ils s'en vont chacun au pôle qui
les attire plus que leurs compagnons par
une électricité contraire à la leur. C'est
ainsi que l'hydrogène et l'oxygène, qui se
combinent ensemble pour faire l'eau, nous
ont livré leur secret. L'hydrogène est le
plus positif de tous les corps, l'oxygène le
plus négatif. Quels que soient les corps

avec lesquels ils se trouvent combinés
tous les deux, saisis par le courant de la
pile, le premier ira toujours au pôle négatif, l'autre au pôle positif.

Chose merveilleuse, et qui démontre
d'une façon bien frappante l'existence d'un
plan universel, rien n'est livré au hasard,
tout est prévu, pesé, calculé et mesuré,
dans ces obscures combinaisons qui s'ac-
complissent à l'intérieur des corps.

Vous pouvez mélanger de l'eau et du vin
dans telles proportions qu'il vous plaira,
les deux liquides s'y prêteront complaisam-
ment. Mais essayez de combiner ensemble
pour avoir de l'eau, deux litres d'hydrogène et deux litres d'oxygène, il vous restera un litre du dernier qui aura trouvé la
porte fermée. Si vous aviez mis en présence
trois litres d'hydrogène et un d'oxygène,
c'est un litre du premier qui vous serait
resté. Cette combinaison là ne peut se
faire que dans la proportion de deux volumes contre un, et tout ce qui la dépasse,

soit d'un côté, soit de l'autre, est impitoya-
blement rejeté.

Il en est de même pour toutes les autres.
Chaque corps a sa mesure à lui, qu'il apporte entière dans ses combinaisons. Il
peut la doubler, la tripler, la quintupler,
jamais la fractionner. C'est une pièce dont
on n'accepte pas la monnaie.

Il y a mieux. La mesure qui sert à n'importe quel corps pour se combiner avec
un camarade, lui sert pour tous les autres.
Ainsi les choses ont-elles été arrangées. La
quantité fixée pour chaque corps a la même
valeur entre eux, si différentes qu'en
soient les proportions.

C'est ce qu'on appelle la loi des *équivalents chimiques*, dont la découverte est sans
contredit la plus belle conquête de la chimie moderne. On a cru pouvoir en conclure que les combinaisons se font atome
par atome, un, deux, trois, cinq au besoin
contre un et que l'atome de chaque corps
a son poids à lui, car c'est au poids que

l'on évalue les équivalents chimiques. Ces évaluations là sont, du reste, absolument positives. On peut en conclure ce que l'on veut, et les établir sur telles bases qu'il aura plu d'imaginer, cela ne change rien aux proportions reconnues.

Et savez-vous à quoi aboutissent des combinaisons si méthodiquement réglées? Il en résulte que les atomes combinés, quels que soient leur poids et leur nombre, forment ensemble un atome nouveau dont les propriétés diffèrent entièrement de celles des éléments qui le composent, en diffèrent d'autant plus que ceux-ci sont plus différents entre eux. C'est ainsi que la combinaison de l'hydrogène et de l'oxgyène, le plus positif et le plus négatif des corps, produit l'eau, le corps neutre par excellence. Un certain degré de différence est même nécessaire pour qu'il y ait combinaison. Les métaux, par exemple, qui font une bande à part, bande de cousins, sinon de frères, et qui sont tous appelés par le pôle négatif de la pile, quand ils y sortent d'une combinaison, les métaux ne se combinent pas entre eux. Ils se mélangent, comme l'eau et le vin. C'est le pays de la liberté : les mélanges. Là, pas de proportions imposées, et l'arrivant n'est pas dépouillé de ses propriétés : on les met en commun. De la liberté, il en faut aussi aux atomes qui se combinent pour aller se jeter dans les bras les uns des autres. Qu'il n'y ait pas de combinaison possible entre deux corps solides, cela n'a rien d'étonnant : la cohésion tient leurs atomes trop solidement enchaînés : il faut qu'au moins l'un des deux soit liquide ou gazeux.

Mélangez ensemble dans un creuset de la fleur de soufre et de la limaille de fer, les deux poudres resteront côte à côte sans donner signe de vie, parfaitement indifférentes l'une à l'autre. Mettez le creuset sur le feu. A peine le soufre aura-t-il fondu qu'il se fera tout à coup un grand dégagement de chaleur, et qu'un corps nouveau, d'aspect métallique, apparaîtra dans le creuset, un sulfure de fer dont chaque atome se composera, si la théorie des poids atomiques a raison, d'un atome de soufre et d'un atome de fer. L'on avait deux corps simples, le soufre et le fer; l'on n'aura plus qu'un corps composé, le sulfure de fer.

Pourquoi ce dégagement de chaleur? L'explication semble facile à donner.

Les espaces sont plus grands entre les soleils qu'entre les éléments des systèmes solaires. Les atomes composés peuvent être considérés comme autant de systèmes solaires dont les éléments doivent se trouver rapprochés davantage qu'à leur état primitif dans le corps natal. Or, si tout rapprochement permanent des atomes dans le passage des corps de l'état gazeux à l'état liquide et de l'état liquide à l'état solide, remet en liberté du calorique auparavant neutralisé, il paraît forcé qu'un semblable dégagement de calorique ait lieu à chaque fois que les atomes se rapprochent davantage, à poste fixe, dans le passage des corps de l'état simple à l'état composé. Naturellement ce dégagement doit être plus considérable quand des gaz entrent dans des combinaisons qui produisent des composés liquides ou solides, l'écartement primitif étant plus considérable aussi.

Quelle qu'en soit l'explication, le fait est constant. Toute combinaison des corps produit un dégagement de chaleur plus ou moins grand, selon la rapidité de la combinaison. Puisque je vous ai parlé de gaz, je puis vous citer un cas où ce dégagement se trahit d'une façon curieuse.

Si vous mettez en présence sous une cloche de verre les extrémités de deux tubes apportant, l'un du gaz ammoniaque, l'autre un gaz qui provient du sel de cuisine, les deux gaz se combinent instantanément pour devenir ensemble une poudre blanche qui tombe en neige. La chaleur produite est si grande que le verre de la cloche éclate bientôt, pour peu qu'il se trouve en contact avec les extrémités des tubes, à l'endroit où se fait la combinaison.

Au surplus, la flamme de nos poêles et de nos cheminées ne provient pas d'autre chose que de la combinaison de l'oxygène de l'air avec les gaz qui sortent du bois, et qui s'échauffent, en se combinant, au point de devenir lumineux, comme il arrive à tous les corps quand ils atteignent un certain degré de chaleur.

Ces gaz sortis du bois, il a fallu une certaine somme de chaleur préalable pour les faire sortir; il a fallu allumer le feu. Le feu, une fois allumé, s'entretient tout seul. Le calorique venu du dehors a commencé par rompre les liens dont l'affinité chimique enserrait les premiers atomes mis en liberté. Ceux-ci, en se combinant avec l'oxygène de l'air, dégagent la chaleur nécessaire pour libérer les autres à mesure, jusqu'à ce que tous les éléments gazeux du bois se soient envolés. Il ne reste plus alors que le charbon, corps solide, qui achève de se consumer lentement et disparait, miette à miette, en s'envolant à son tour à l'état de gaz acide carbonique, le produit de sa combinaison avec l'oxygène. C'est ce qu'on appelle la combustion du charbon.

Un dernier détail dont vous reconnaîtrez plus tard l'importance.

Toutes les pierres sont des corps composés. Placez entre deux bûches allumées une pierre où les atomes, enchaînés par l'affinité chimique, seront appelés également à la liberté par la somme de chaleur qui délie ceux du bois : comment peut-il se faire qu'ils ne bougent pas?

C'est que ce bois flamboyant est un composé d'une nature particulière. L'atome de bois a pour principaux éléments des atomes gazeux à l'état normal, bien plus amoureux de liberté que les autres, et qui ne demandent qu'à s'en aller. Les combinaisons où dominent les gaz n'ont pas la stabilité de celles où il n'entre que des éléments solides, comme le granit par exemple, et qui résistent énergiquement à la destruction des liens établis. Celles-ci sont appelées des combinaisons *stables*. Les autres sont des combinaisons *instables*, des unions légères qui se font et se défont avec la même facilité. Le granit des obélisques d'Égypte est encore intact après 4.000 ans et plus de nudité au grand air. Une maison de bois que rien ne protège aura bien du mal à durer cent ans.

Or, les atomes ne produisent pas seulement de la chaleur en se combinant; ils produisent aussi de l'électricité. Ce sont des combinaisons chimiques qui déterminent les courants de nos piles électriques.

Arrêtons-nous là. Nous sommes sur le seuil de la vie organique. Avant de le franchir, essayons d'une excursion du côté de deux autres vies qui échappent également à l'entendement humain; mais auxquelles

4

il est bon pourtant de penser : la vie des atomes et la vie des astres. Nous en reviendrons peut-être mieux armés pour pénétrer dans le secret des autres

LA VIE DES ATOMES.

C'est bien à tort qu'on se tient à la vieille division des êtres animés et des êtres inanimés. Il n'y a pas d'êtres inanimés. La vie est partout.

Ce mort, qui gît inanimé, est vivant dans toutes ses profondeurs, plus vivant même, à un autre point de vue, qu'auparavant. La vie supérieure qui l'habitait en est sortie ; mais les myriades de vies qui s'y renouvelaient sans cesse quand l'homme était vivant, sont entrées dans une phase nouvelle. Sa population d'êtres microscopiques, entraînée jusque-là dans le torrent de la circulation, foudroyée incessamment par les courants électriques qui viennent de s'arrêter, a fait halte enfin, et se trouve avoir un avenir devant elle. Elle peut grandir, évoluer, s'emparer d'un mouvement à elle. Attendez quelques jours; elle va venger ses ancêtres, et dévorer les chairs faites de leurs débris.

Cette pierre qui gît, elle aussi, à vos pieds, vous la croyez inanimée. Elle est, comme le cadavre humain, le théâtre immobile où d'autres myriades d'acteurs se démènent à jouer le rôle qui leur a été assigné. Êtres vivants à coup sûr, d'une vie, il est vrai, dont rien ne peut nous donner la conception nette, mais en mouvement perpétuel, ballottés qu'ils sont à chaque instant par les forces, immanentes en eux, qui se les disputent; ayant leurs amours, leur tempérament propre, leurs sociétés réglées par des lois qu'ils n'enfreignent jamais. Quelle place la mort peut-elle avoir là-dedans?

Pour que cette pierre devienne un tombeau, séjour de la mort, il faudrait que les forces qui l'habitent en disparaissent, ou que ses éléments cessent de leur obéir. En ont-ils la perception? Ils vivraient alors d'une vie appréciable pour nous. Qui sait? Comme on ne sait pas, il est inutile de courir après une affirmation; mais, à coup sûr, quelque chose les perçoit en eux qui les dirige. Jamais, quand l'eau se décompose dans la pile, ses éléments ne se tromperont de route. Jamais l'atome d'hydrogène n'ira au pôle positif, l'atome d'oxygène au pôle négatif. Jamais ils ne se combineront ensemble dans une proportion défendue. Qu'en faut-il de plus pour que l'esprit se refuse à voir là des êtres inanimés, des substances mortes? L'éternel problème de l'âme et du corps nous poursuit jusque-là, avec cette particularité que l'âme de l'atome ne le quitte jamais : sa vie est impérissable.

Il est difficile à la pensée de rester dans la science quand elle s'aventure aux alentours de l'inaccessible. Pourtant qu'y a-t-il au fond de ces combinaisons chimiques, qui sont assurément du domaine de la science? quand deux atomes, obéissant à l'instinct qui les entraine, — qu'on prenne un autre mot, si l'on veut — se sont élancés l'un vers l'autre pour faire ensemble un être nouveau, doué de propriétés qui ne sont pas les leurs, n'est-ce pas une vie nouvelle qui a surgi de leur accouplement?

Voici le sulfure de fer qui n'est ni le soufre, ni le fer, dont la naissance a été accompagnée d'une production subite de calorique, manifestation brutale de l'engendrement dans sa forme primitive! Qu'est-ce, sinon une création spontanée de la nature, puisque nous avons adopté ce mot de nature, pour expliquer ce qui se fait tout seul, c'est-à-dire sans nous? Il y a là un être qui n'existait pas avant la combinaison, qui est né en vertu d'une loi que le fer et le soufre portaient en eux, qui

mourra si vous le soumettez à une chaleur
intense. Le soufre s'envolera,. chassé par
le calorique, et le fer. reparaitra. Disparu,
le sulfure de fer !

Ces drames-là jouent en permanence
dans les corps, et vous venez de voir le
plus simple de tous; mais il y en a de
plus compliqués.

Le monde minéral a ses tyrans, comme
le monde animal, ses lions et ses tigres qui
arrachent leur proie aux plus faibles, et
s'en repaissent. Je puis vous en citer un,
le terrible acide sulfurique, qui fait tant
parler de lui sous son vieux nom de vi-
triol.

Mettez dans un verre à moitié rempli
d'eau des petits morceaux de marbre, une
combinaison de la chaux avec l'acide carbonique, celui que produit la combustion
du charbon, et versez dessus une cuillerée
d'acide sulfurique. En peu d'instants, vous
verrez l'eau se troubler et bouillonner, sou-
levée par une foule de bulles de gaz qui

s'échappent du marbre. C'est le fait de l'acide sulfurique entré en conquérant dans le marbre d'où il a chassé le mari de la chaux, un mari volage, il faut le dire, en sa qualité de gaz ; et le départ continuera, si la quantité d'acide sulfurique est suffisante, jusqu'à ce que tout le marbre se soit évanouï. Il se trouve remplacé dans le verre par une sorte de bouillie blanchâtre, du plâtre, s'il vous plait, produit d'un nouveau mariage de la chaux avec l'acide sulfurique, qui se sera évanoui en même temps s'il a rencontré assez de chaux pour le recevoir tout entier. Je puis bien vous dire la proportion à garder pour en arriver là. Elle est juste de 5 grammes d'acide sulfurique contre 3 grammes et demi de chaux.

Conservons le mot de mariage qui est tout à fait de mise pour ces unions des corps, unions bien plus intimes encore que les nôtres, puisque le père et la mère disparaissent, confondus dans l'enfant ; sauf à reparaître, chacun de son côté, quand un divorce anéantit l'enfant.

J'ai un autre mariage à vous montrer qui rappelle assez bien les nôtres, j'entends ceux où il faut absolument une dot pour que le futur se décide. C'est encore l'acide sulfurique qui va entrer en scène.

Mettez cette fois des petites plaques de zinc dans votre verre d'eau, et versez-y de l'acide sulfurique. Il ira droit au zinc pour lui faire sa cour; mais c'est un prétendant exigeant : pas de dot, pas de mari. La dot ici, c'est une quantité déterminée d'oxygène avec laquelle le zinc doit s'être combiné d'abord pour être agréé. Que fait-il? Sous la pression des sollicitations de l'acide, il s'attaque à l'eau qu'il laissait en repos tout à l'heure, il lui enlève l'oxygène réclamé par l'impérieux futur, à mesure qu'il entre en ménage avec lui. Autant d'oxygène enlevé par le zinc, autant d'hydrogène qui s'envole, dans la proportion que vous savez, de deux volumes contre un, c'est même comme cela qu'on se procure le plus facilement l'hydrogène, quand on en veut.

Autres noces, plus singulières encore.

L'eau est la grande faiseuse de mariages entre les corps qui se fondent dedans, comme le sucre de nos verres d'eau sucrée. Leurs atomes n'y sont plus gardés à vue par la cohésion; ils glissent à l'aise et ont le jeu plus facile. Or, le produit du mariage de l'acide sulfurique avec le zinc enrichi d'oxygène est un des corps qui se fondent dans l'eau. Il s'appelle le sulfate de zinc, si vous voulez savoir son nom. Faites fondre, dans la proportion voulue du sulfate de zinc d'un côté, de l'autre, une combinaison d'acide carbonique et de soude, qui porte le nom de carbonate de soude, et qui est aussi soluble dans l'eau; mélangez les deux dissolutions, et regardez ce qui va se passer.

Vous connaissez cette figure du quadrille où les cavaliers changent de dames. C'est juste le pas de danse auquel vous allez assister. Les deux acides vont lâcher, l'un le zinc, l'autre la soude, pour aller se jeter, chacun de son côté, dans les bras de la dame abandonnée. Il se fera du sulfate de soude et du carbonate de zinc; et vous le verrez bien. Le premier demeure invisible : il est encore soluble dans l'eau. Le second ne l'est plus. Elle se remplit d'une poudre blanche qui tombe au fond, et d'où le premier chimiste venu vous retirera de l'acide carbonique et du zinc, tout l'acide carbonique qui était auparavant marié avec la soude, et tout le zinc qui était en pouvoir d'acide sulfurique. Ce qui suffisait à chacun dans les unions précédentes suffit encore dans celles-ci.

Que dites-vous de ce chassé-croisé si bien réglé, de ce contrat si rigoureusement stipulé, de ce mari mis à la porte de chez lui, de par la devise de nos conquérants : Ote-toi de là que je m'y mette? Est-ce aller trop loin d'appeler cela de la vie?

Il y a même, à le bien prendre, deux vies

distinctes dans les substances minérales.
L'une est commune à tous les corps, qu'ils
soient simples ou composés, dans des conditions différentes, il est vrai, pour chacun
d'eux. Elle se manifeste par leurs contrac-
tions, leurs dilatations, leur passage à travers les trois états, solide, liquide et gazeux, leur obéissance en bloc aux lois de
l'attraction générale et de l'électricité
voyageuse. On pourrait l'appeler : la vie
physique. L'autre, la vie chimique, déjà
plus compliquée, plus intime, infiniment
plus variée dans ses manifestations, et qui
se surajoute à la première, n'apparait que
dans les combinaisons des corps entre eux,
atome par atome, sous l'empire de leur
tempérament électrique. C'est elle qui crée
les corps composés, créations éphémères,
les stables et les instables, d'autant plus
vivantes qu'elles sont plus instables, et
qu'il entre plus d'éléments dans leur composition. Le va et vient des atomes détermine alors une production plus active de

calorique et d'électricité, les deux agents visibles de la vie, agents jumeaux qui doivent n'en faire qu'un, se montrant à nous sous une double face.

C'est l'atome simple, préexistant à toutes les combinaisons, survivant à toutes, dépositaire de la vie primitive, physique, et chimique, c'est l'atome en qui seul réside l'immuable stabilité.

Mais où est-il, l'atome simple?

Nous nous égarons dans la contemplation dangereuse du fond des choses; mais à quoi sert de se prêcher la modestie et la prudence? C'est un besoin, disons mieux, un devoir de l'esprit humain de courir au-delà de ce qu'il peut savoir, de ce qu'il croit savoir. La condition de son progrès est qu'il demeure inassouvi dans ses curiosités. Il dormirait s'il était repu. Cela suffit de ne pas oublier où l'on met le pied, de ne pas se figurer qu'on marche sur un terrain solide, quand on s'octroie le plaisir de se promener dans le nuage.

Reportons-nous donc à la conception actuellement reçue du commencement de notre système solaire, à cette gigantesque sphère gazeuse qui roulait sur elle-même dans l'espace avant la condensation successive de ses planètes, et dont notre soleil n'est que le résidu encore incandescent.

Sphère gazeuse, j'ai mal dit, sphère de substance cosmique. Nos gaz sont des corps très denses, vis-à-vis de ce qu'elle devait être, s'il faut en croire les calculs de nos astronomes, incomparablement plus denses que le platine ne l'est vis-à-vis d'eux. Elle était une, à coup sûr, cette substance cosmique; nous ne pouvons guère la concevoir autrement. C'est pourtant d'elle que proviennent nécessairement tous ces corps simples énumérés dans les livres de chimie, et dont la liste s'allonge de temps à autre d'un nom de plus, sans qu'on puisse dire où elle s'arrêtera. Que deviendrait-elle s'il était possible de ramener nos corps simples à leur état primitif d'atomes cosmiques, les mêmes actuellement dans tous, cela paraît inévitable.

C'est donc en définitive à ceux-là, les vrais atomes simples, que reviendrait le don d'immuable stabilité. Ils ont tout enfanté, nos atomes et nos astres. La vie apportée par eux aux premiers, l'auraient-ils laissée se perdre dans les autres? Cherchons ce qu'il est raisonnable d'en penser.

LA VIE DES ASTRES.

L'atome a sa vie, et l'astre n'aurait pas la sienne!

Impossible. Qui admet la première, ne peut se refuser à l'autre.

La vie atomique est si loin au-dessous de la nôtre que nous ne pouvons pas descendre jusqu'à elle, la vie astrale si loin au-dessus que nous ne pouvons pas monter jusqu'à elle; mais ce qu'il est défendu d'atteindre, est-il bien permis de le nier, uniquement parce qu'il est hors de portée, au mépris de tout ce qui le proclame?

On ne se dit pas assez, quand les yeux se lèvent la nuit vers le ciel, quelle mes-

5

quine et misérable idée c'est se faire de
l'univers et de sa loi de ne voir rien autre
chose dans les corps célestes que des corps
sans âme, de simples boules lumineuses,
roulant inertes dans l'espace. Quoi! en dehors de l'homme, de ses semblables peut-
être, éclos sur les planètes nos voisines —
les audacieux vont jusque-là — en dehors
de cette efflorescence d'un point microscopique, perdu dans l'infinité des mondes,
il n'existerait rien d'intelligent, rien de
conscient! La mort éternelle étendrait son
empire sur tous ces êtres immenses, si nous
les comparons à nous! Ils ne seraient là que
pour la montre, ne sachant rien de ce que
nous savons, déshérités de la personnalité
qui nous a été donnée! Il faut n'avoir jamais réfléchi à la question pour la trancher
si cavalièrement.

« L'homme, a dit Pascal que j'abrège,
« n'est qu'un roseau, mais c'est un ro-
« seau pensant. Quand l'univers l'écrase-
« rait, l'homme serait encore plus noble

« que ce qui l'écrase, parce qu'il sait qu'il
« meurt, et l'avantage que l'univers a sur
« lui, l'univers n'en sait rien. »

Qu'en savait le roseau Pascal? Qu'en
savent les autres roseaux pensants qui pensent comme lui, tout naïvement, sans y
mettre d'orgueil, pour ne s'être jamais
douté qu'il puisse en être autrement?

Non seulement on doit connaitre et penser là haut, sentir et vouloir, vivre, en un
mot, de la vie que nous connaissons; mais
il paraît nécessaire qu'il y ait là une vie supérieure à la nôtre. En quoi supérieure?
Que répondre? Elle ne nous dépasse-
rait pas si nous pouvions nous l'imaginer.
L'homme ne saurait rien forger qu'à son
image, ou à celle des êtres qui lui sont
connus.

Aussi bien est-ce son procédé constant à
chaque fois qu'obéissant à l'instinct secret
qui l'avertit de l'existence d'êtres supérieurs
à lui, il cherche à se les représenter sous
une forme visible. Pour ne prendre que les

derniers produits de l'imagination popu-
laire, dont s'est inspiré l'art sacré des peuples chrétiens, sous quelle forme lui sont
apparus les bons esprits? Un beau jeune
homme, avec des ailes empruntées par la
tradition au Chérub assyrien, au bœuf ailé
de Ninive. Et les mauvais? Une figure
d'homme grimaçante, surmontée de petites
cornes, terminée par des pieds fourchus,
à l'instar du Faune antique. Et elle les a
logés les uns et les autres en des lieux fan-
tastiques, auxquels il est devenu difficile
d'assigner une place acceptable.

Il n'y a pas ici à se mettre en frais d'imagination pour la forme visible et le séjour
des esprits supérieurs. Nous voyons de nos
yeux où ils séjournent, et les corps qu'ils
habitent. C'est tout ce qu'on peut en dire, il
est vrai; mais combien plus reposante est
cette conception du sommet de l'échelle des
êtres, dont nous n'occupons pas, bien certainement, le dernier échelon.

La vieille astrologie aurait eu raison, en

ce sens, sur l'astronomie moderne qui ne
s'occupe des astres que pour les mesurer
et les peser, les compter comme elle peut,
quand elle ne peut pas faire autre chose.
Qu'une vertu réside en eux, autre que celle
découverte par Newton, qu'ils soient entre
eux en rapports personnels, comme ceux
qui s'établissent d'homme à homme, quelle
répugnance l'esprit pourrait-il avoir à l'admettre? Par où la raison peut-elle en être
choquée; et la supposition contraire n'est-
elle pas faite au contraire pour la choquer,
au premier examen sérieux? Cela peut-il
lui sourire de stériliser l'univers, de le
remplir de cadavres ambulants, promenant
tout au plus dans leurs courses aveugles
des populations de parasites, investis seuls
du droit de vivre de la vie intellectuelle et
morale, du droit d'entrer en communion
par la pensée avec le principe caché de la
vie universelle?

Je reviens à mon exclamation du début,
en l'adaptant à la phrase de Pascal :

L'atome humain penserait, et son astre
ne penserait pas!

Ce serait le cas de faire dire encore
une fois à Garo, avec une apparence de
raison bien autrement forte que pour sa
citrouille :

A quoi pensait l'auteur de tout ceci?

En supposant qu'il puisse lui chercher
querelle pour un fait auquel, lui Garo, n'a
jamais songé.

Revenons aux astrologues et aux astronomes.

A Dieu ne plaise que j'aille reprocher à
ceux-ci de s'être enfermés dans ce qu'ils
apprennent de leurs instruments et de leurs
calculs. L'hypothèse dont Laplace n'avait
pas besoin les troublerait dans leurs calculs. Quelles élucubrations philosophiques
auraient mérité d'avoir le pas sur des études
qui ont donné le jour à ces découvertes
merveilleuses, conquêtes positives du genre
humain, qu'elles ont mis en contact avec
l'abîme des régions célestes? Ne portent-

elles pas en elles-mêmes les déductions à
en tirer? Ce sont elles qui ont guidé ma
philosophie de poche, légère de bagages,
dans les chemins scabreux par où nous venons de passer.

Quant aux astrologues, de vénérable
mémoire, héritiers à travers les âges de la
science astronomique des anciens temples,
et pères de la nôtre, s'ils ont abusé de la
crédule ignorance de leurs contemporains,
en enseignant que les actions célestes
s'exerçaient personnellement, d'astre à
homme, et se vantant d'en avoir le secret,
peut-être se cachait-il une foi raisonnée sous
les rouéries de leur métier. Il est permis d'y
reconnaître la trace lointaine des intui-
tions qu'auront pu avoir les premiers contemplateurs du Ciel, plus libres que nous
dans leurs élans. Le culte des astres, dégagé
de son rituel confectionné pour le peuple,
réduit à la simple prosternation mentale,
n'était pas si insensé qu'on l'a dit. D'ailleurs,
n'y avait-il pas toujours derrière, pour les

initiés, le dieu des sages, gardien mystérieux de l'unité des mondes, leur régula-
teur universel? On n'ira pas plus loin.

Entre ce Dieu inaccessible et l'homme, je
veux dire toutes les humanités possibles, à
quelque degré qu'elles s'arrêtent ou qu'elles
montent dans la multitude infinie des astres qui les portent, est-ce une énormité
d'admettre des intermédiaires, agents délégués des créations locales, en vertu de la
part de vie attribuée à chacun. J'ai beau
descendre au fond de ma raison et la con-
sulter froidement, rien ne me répond que
ce soit là une folie, non plus qu'une impiété. J'y trouve au contraire une conception plus nette, plus grandiose, plus accessible à l'esprit, d'un plan universel
toujours le même, aussi bien dans ses détails que dans son ensemble, une théologie
scientifique, c'est-à-dire conforme à la cosmogonie moderne, en ce sens qu'elle ne
la contredit pas. C'est le balayage de ces
fantômes imaginaires, chers aux crédules,

qui provoquent l'incrédulité. Pour qui veut
d'une cour céleste, faisant cortège à son
monarque, en voilà une, visible et réelle,
dont nul ne s'avisera jamais de contester
l'existence! Si le monarque demeure invisible, indéfinissable, il reste aussi difficile
à nier après qu'avant, je ne dirai pas,
davantage : il n'y a pas de degrés dans
l'impossible — je parle pour moi, bien entendu.

J'avouerai tout bonnement que cette idée
des astres-dieux, qui transfigure la voûte
étoilée et fait pour nous de l'univers un
sanctuaire sans bornes, sourit à mon imagination, avec permission de ma raison. Il
suffit au grandiose de ne pas être en contradiction avec les faits démontrés, pour
que l'esprit soit autorisé à le caresser. Je
ne voudrais pourtant pas m'attarder à ce
qui n'est dans ma thèse qu'un hors d'œuvre,
séduisant mais réfractaire à tout essai de
démonstration. Laissons donc à son rang la
divinité poétique des astres et envisageons-

les simplement comme des corps vivants,
laissant déborder la vie à leur surface,
comme agents délégués des créations locales, pour reprendre mon expression de
tout à l'heure.

Autant de populations qu'il y a de séjours,
cela implique nécessairement que les ha-
bitants n'ont pu venir qu'après la maison.
Comme il est admis par la science actuelle
que les éléments de notre système solaire
ont pris corps les uns après les autres, à
des intervalles incalculables, comme les
choses ont dû se passer ainsi partout, et
que les systèmes solaires eux-mêmes nous
ont déjà laissés pénétrer le secret de leurs
vicissitudes, si imparfaits que soient encore nos instruments, l'on est amené forcément à en conclure que l'engendrement
des êtres, à tous ses degrés, est en permanence dans l'univers. Cela se comprend
mieux, à coup sûr, et satisfait l'esprit davantage qu'un Dieu qui se repose après
avoir créé. Il n'est pas possible qu'on se

repose à la source intarissable de toutes les vies. Indifférence ou fatigue, c'est chez nous qu'au travail on fait succéder le repos.

La création immanente, universelle, n'est plus de notre ressort. Nous n'avons à notre portée pour en étudier le jeu que notre pauvre petit globe, j'allais dire : globule, né d'hier, qui mourra demain. Il peut nous suffire. Regardons-y avec la tranquille assurance que nous y verrons la reproduction non pas exacte, — c'est inadmissible — mais approximative, de ce qui s'est fait, se fait et se fera toujours et partout. Il n'y a qu'un Dieu, qui régit tous les dieux, les astres aussi bien que les atomes

APPARITION DES ÊTRES ORGANI-QUES SUR LA TERRE.

I.

Cela parait hardi d'affirmer que la Terre est un être vivant, générateur primordial de tout ce qui vit à sa surface. Si je pouvais faire entrer dans votre esprit l'idée qui s'est incrustée dans le mien, à savoir que tous les êtres vivants, à nous connus, en sont là, et qu'ils ont aussi leurs engendrements, la vie de la Terre sera établie par les vies qui sont sorties d'elle.

Le bon sens dit qu'il n'y a pas d'effet sans cause, d'enfant sans père. Quand il se fait sous nos yeux une génération anonyme, la raison abdique en se dérobant à la recherche de la paternité, comme la justice dans nos tribunaux, en l'interdisant.

Or, il y a un fait patent, indéniable, c'est que tous les organismes du règne végétal et du règne animal ont leurs parasites, internes et externes, s'alimentant de leur substance, et spéciaux pour chacun d'eux. Le gui du chêne n'est pas le gui du peuplier, et ni l'un ni l'autre n'existaient assurément avant le chêne et le peuplier. D'où proviennent-ils?

Cherchez le père.

Où voulez-vous le trouver, sinon dans le chêne et le peuplier?

C'est la grosse question de la génération spontanée qui se pose ici. Je vais peut-être scandaliser les hommes de science dont le siège est fait là-dessus; mais ce sera, en vérité, un prêté pour un rendu. Il m'a toujours semblé que l'apparition des vies qui surgissent incognito méritait d'être étudiée tout d'abord sur les corps vivants, dans le pays de la vie organique, non pas au dehors, et que c'était peu philosophique d'aller en demander le mot à des infusions quasi inertes, soumises à des expériences de laboratoire, à l'abri de toutes les conditions naturelles de l'engendrement.

C'était encore moins philosophique de déclarer cavalièrement, d'autorité privée, qu'elles étaient fécondées par des germes, hypothétiques au premier chef, qui seraient disséminés à profusion dans l'atmosphère, réceptacle commode, difficile à scruter. Où était la preuve que les germes des vies microscopiques, apparues dans l'infusion, n'y avaient pas été apportées par les substances d'origine organique ayant séjourné dans l'eau?

Combien plus concluantes auraient été des expériences faites sur des laboratoires vivants, espionnés dans leur fonctionnement. Ne vaut-il pas mieux cent fois chercher à prendre la nature sur le fait que d'entreprendre d'opérer à sa place?

Voici, par exemple, une petite expérience à faire, qui n'exige aucun raffinement scien-

tifique, et que tout le monde comprendra !
Elle se fait d'elle-même trop souvent.

Mettez en cellule un homme d'une pro-
preté vérifiée, pour plus de sûreté, et
maintenez-le dans un isolement rigoureux,
en ne lui permettant pas de se laver, ni
de se déshabiller. Combien de temps fau-
dra-t-il à la vermine pour l'envahir, surtout
si l'expérience se fait sous les tropiques
où les conditions de chaleur et d'humidité
sont plus favorables que chez nous à l'engendrement des parasites? Seront-ils venus
du dehors, ou du dedans?

Et sans se mettre en frais de curiosité
barbare, quand, un beau matin, les poux
apparaissent avec la gourme sur la tête en
pleine sève des petits enfants, demandez
aux mères si elles s'accusent de les leur
avoir donnés, si elles en accusent leur
entourage qui n'en a pas? Il faudra donc
s'en prendre aux fameux germes atmosphériques, les seuls coupables : ce serait
à dégoûter de respirer.

N'est-il pas plus simple, plus rationnel, moins sujet à contestation de prendre ces germes nécessaires à leur lieu naturel d'origine, dans l'être même dont vivent les parasites, auquel ils ne pouvaient pas préexister, ni eux, ni leurs germes qui en dérivent, je suppose? L'homme en possède pour sa part une trentaine d'espèces internes, chacune avec son logement déterminé, qui dans le foie, qui dans les muscles qui dans les poumons, jusque dans le cristallin de l'œil. On en trouverait probablement tout autant dans nos voisins du règne animal, si on les étudiait d'aussi près. Pensez à l'infinie variété du reste! Quel réservoir que cette atmosphère si elle est en mesure de suffire à la distribution de tant de germes, au hasard de l'occasion! Et où peut-elle bien les avoir pris?

Il est vrai que dans les parasites de l'homme et de ses voisins, il s'en trouve dont on a reconnu la migration d'un animal à l'autre, avec transformation à tout

6

changement de résidence, mais expliquer
ainsi leur présence ici ou là, c'est reculer
pour mieux sauter. Où ont-ils été engendrés
primitivement ?

Pourquoi se refuser de parti pris à la solution qui s'impose, la formation sur place,
sous l'influence de la vie locale, du germe
dont l'évolution favorisée par les circonstances produit le parasite, dépendance
accessoire de l'organisme ? On a peine à
se l'expliquer. S'explique-t-on davantage
comment l'évolution de l'être organique
produit ses organes qui ont tous leurs vies
propres, solidaires entre elles, il est vrai ;
comment se fabriquent l'œil, le cœur, le
cerveau, sur un plan déterminé pour chaque espèce ? L'on n'a qu'une réponse à donner : c'est la loi de l'espèce. Qu'on la donne
donc pour le reste et qu'on dise : c'est la loi
du végétal et de l'animal de produire leurs
parasites, comme c'est la loi de l'astre de
produire les siens, sur une échelle en rap-
port avec l'intensité d'une vie supérieure.

La loi! Il faut bien toujours en venir là! à chaque pas qu'on fait dans l'étude de la nature. Ni le chêne n'a enfanté son gui, ni le globe terrestre n'a enfanté ce qui a fini par donner naissance à l'homme, en vertu d'une énergie leur appartenant en propre. On ne peut voir là que des délégations. Ce sont des agents subalternes, mis en mouvement par l'autorité centrale pour exécuter ses ordres, dans leur part de coopération à la réalisation permanente du plan universel. On aura beau résoudre la question d'une façon ou de l'autre, quelle que soit la solution adoptée, que les vies accessoires de l'être organique surgissent des évolutions de sa substance en travail d'enfantement perpétuel, ou qu'elles lui soient apportées du dehors, on n'échappera pas à la nécessité inéluctable d'une loi qui se fait obéir dans un cas comme dans l'autre, à moins d'admettre qu'il n'y a pas de règle fixe, et que tout cela se fait à la débandade. On en verrait de belles!

Quelle peut être notre seule ambition dans l'étude de ce phénomène étrange pour nous d'une vie qui se révèle tou. à coup, sans génération apparente? De mettre la main sur le procédé employé par la puissance mystérieuse, dispensatrice de la vie, de trouver du moins celui qui répond le mieux à l'idée que nous pouvons nous faire de son mode d'action.

N'est-il pas admissible, par exemple, que les globules du sang de l'homme qui sont des êtres organisés, constructeurs reconnus de tous ses organes, et ne venant pas assurément de l'atmosphère, que ces globules peuvent parfaitement, quand ils sont troublés dans leur travail, construire à la place de la cellule normale du foie une cellule anormale qui deviendra son parasite; et s'il provient d'un parasite antérieur, issu d'un organisme étranger, d'autres globules n'auront-ils pas pu fabriquer celui-là? Quel besoin d'aller chercher ailleurs un agent hypothétique de sa construction quand on en a un sous la main dont l'existence est authentique, dónt le rôle de constructeur est indéniable?

Restons-en là, et abordons le problème bien plus ardu de l'apparition de la vie organique sur notre globe.

II.

Avant l'entrée en fonction de la puissance créatrice d'organismes sur le globe terrestre, alors que les eaux acides et bouillonnantes de la mer primitive rongeaient la croûte encore pâteuse du granit mal refroidi, il n'y avait pas de germes générateurs dans l'atmosphère : on acceptera bien cela. Nous pouvons chercher ailleurs, de confiance, les origines de la vie organique sur l'astre que nous habitons.

D'autres créations l'avaient précédée qu'il ne faut pas perdre de vue dans les genèses qu'on essaie pour expliquer le commencement des choses — de nos choses —

sur le globe terrestre. Les atomes de la
substance cosmique, conviés à se rapprocher par le refroidissement graduel, s'é-
taient condensés pour former les corps que
nous connaissons, les corps simples d'abord,
combinés ensuite dans leurs composés. La
vie chimique avait fait son apparition, premier complément de la vie physique des
atomes, qui restait renfermée dans leurs
allées et venues déterminées par les sollicitations en sens inverse du calorique et de
la cohésion. Ceci est de l'histoire devi-
née; mais il a bien fallu que notre monde
passe par là, si l'on accepte la cosmogonie
de Laplace.

Nous avons déjà parlé de cette vie chimique, des corps qu'elle enfante, des
unions qu'elle fait et défait, et des courants
électriques qu'elle dégage à chaque contrat passé ou rompu. Nous avons dit que
les corps composés étaient plus ou moins
vivants, selon le degré de stabilité de leurs
combinaisons, et que la somme de vie dé-

venait plus grande en eux à mesure que des
éléments plus nombreux se groupaient en
sociétés plus instables. Le point de départ
de la vie organique ne doit être cherché
que là.

Nous serions bien embarrassés pour déterminer à quel degré de température pouvaient être descendues les eaux de la mer,
quand elle y a fait son apparition ; mais il
n'y a pas de doute possible sur les maté-
riaux employés par la nature pour la con-
fection des premiers organismes. Elle les
emploie encore sous nos yeux dans ceux
dont elle entame la fabrication, et qui débutent tous, si haut qu'ils soient appelés
à monter, par l'état gélatineux.

Par les temps d'humidité, dans les coins
de rue déserts qu'aucun pied ne foule, on
voit les pavés se couvrir d'eux-mêmes d'une
gelée verdâtre, sorte d'eau épaissie, sans
consistance, qui fuit sous le doigt. C'est
dans quelque chose d'approchant qu'auront
dû se former les premières cellules ayant

vécu de la vie organique — je ne dis pas :
la première : la nature travaille partout à la
fois.

Que contenaient ces antiques gelées ma-
rines? Nous le savons à peu près, par l'inventaire qui a été fait des gelées actuelles.

De l'oxygène et de l'hydrogène tout d'a-
bord, deux gaz. Ceux-là, c'est forcé : ils font
ensemble l'eau, depuis qu'il y a de l'eau
à la surface du globe terrestre.

Un peu d'azote probablement, un autre
gaz toujours présent dans l'atmosphère.

Du carbone assurément, un corps solide,
qui ne demande qu'à s'envoler sous la forme
d'acide carbonique, et qui est de rigueur
dans la composition des substances organiques.

Enfin, à doses infinitésimales, une foule
de substances qui se retrouvent présente-
ment dans les tissus végétaux et animaux :
chlore, iode, soude, potasse, chaux, fer,
soufre, phosphore, etc., lesquels devaient
se trouver en dissolution dans les eaux

troubles de l'ancienne mer plus abondamment que dans celles d'à présent.

Je vous donne l'inventaire pour ce qu'il peut valoir, à cette distance; mais il n'est guère possible qu'il s'écarte beaucoup de la vérité.

Rien d'instable comme cette agglomération quasi fluide d'éléments hétérogènes, indisciplinés; rien qui se prête mieux à une production incessante d'électricité, condition indispensable du travail vital des organismes. Comment ces activités chimiques accumulées auront-elles donné naissance à une activité supérieure? Pas d'autre réponse à donner que cet éternel refrain, si humiliant pour qui ne veut pas s'en contenter : c'était la loi; l'heure était venue. Expliqué ou non, ce n'en est pas moins l'événement le plus important pour nous de l'histoire de notre globe. Une vie nouvelle y a fait apparition ce jour-là, dont la nôtre n'est que le dernier développement.

En quoi diffère-t-elle essentiellement de la vie chimique qui est son support indispensable, cette vie organique, base première de la vie humaine?

Ce qui différencie l'être organique des autres, ce n'est pas précisément, comme il est dit quelquefois, parce que toutes ses parties n'ont pas les mêmes propriétés, car, à ce compte, les aiguilles de nos boussoles dont le pôle nord repousse ce que le pôle sud attire seraient des êtres organiques. Ce n'est pas parce qu'il a une forme déterminée, à lui appartenant : tous les minéraux ont leur forme personnelle qu'ils prennent invariablement quand leurs atomes, libres d'obéir à l'instinct de l'espèce, se groupent régulièrement en cristaux toujours semblables pour chacun d'eux. Le caractère essentiel de l'être organique, c'est qu'il est habité par une force d'une nature à part, qui préside à son développement comme à son entretien, qui apparaît en lui à sa naissance, dont la disparition est sa mort, et dont le nom vient de lui-même sous la plume, puisque nous n'en avons pas d'autre pour exprimer ce qu'elle représente dans l'arrangement universel.

J'avais déjà hasardé timidement ce mot, comme synonyme de vie, en évoquant l'apparence d'âme des atomes, une âme immanente, hors de portée. L'âme de la cellule organique se laisse surprendre, puisqu'elle parait et disparait. C'est sous son influence évidente que s'accomplit la nutrition de la cellule, c'est-à-dire un transport perpétuel de substances venues du dehors pour se transformer en sa propre substance. C'est elle qui se transmet aux cellules ses filles, dans l'acte mystérieux de sa reproduction. Rien ne s'explique sans elle. Pourquoi s'en passer, comme d'une hypothèse? C'est déjà bien assez qu'on ne puisse s'expliquer sa nature et son action, ni dans la cellule, ni ailleurs.

Quoi qu'il en soit de la force en jeu ici,

et de son nom, nous avons franchi enfin le
pas périlleux entre tous de cette exploration
philosophique de régions qui seraient dé-
fendues à l'homme, si les besoins d'inves-
tigation pouvaient connaitre la défense.
Nous tenons le premier anneau de la chaine
qui relie l'homme à la cellule organique.
Il ne nous reste plus qu'à la suivre, guidés
par la conception, tant de fois invoquée
déjà, du plan universel qui se déroule, uniforme, de l'atome à l'astre.

Avant d'aborder la suite d'un travail
désormais facile, je voudrais dire un dernier mot sur la question tant controversée
de la génération spontanée.

Spontanée, il a bien fallu qu'elle le fût,
dans le sens absolu du mot, la génération
de la cellule du commencement. Elle est
bien venue toute seule, celle-là, amenée à la
vie apparemment par une loi en mesure
de se faire obéir. Absents alors, n'est-ce
pas? les germes atmosphériques! Est-ce
que cette loi serait morte, par hasard, de-

puis le moment où les premiers organismes ont surgi, sous le coup de fouet des actions chimiques, si nous avons mis la main sur son procédé, n'importe comment, si nous avons mal deviné? Est-ce qu'il ne s'est jamais fait de créations du même genre depuis ce moment-là? Est-ce qu'il ne peut plus s'en faire aujourd'hui? Je disais tout à l'heure que la nature travaille partout à la fois. Est-ce lui faire trop d'honneur de dire qu'elle travaille toujours, et que la production d'un organisme élémentaire ne doit pas plus l'embarrasser maintenant qu'autrefois? Ce que les actions chimiques, inexplicables elles-mêmes, auront pu déterminer d'une façon qui ne s'explique pas, comment seraient-elles impuissantes à le déterminer indéfiniment? Cette progression continue de la vie qui semble si bien avoir été la marche naturelle de la création des êtres organiques, ne doit-elle pas être un fait constant?

J'accorde que les conditions actuelles,

celles du moins que nous pourrions repro-
duire dans nos laboratoires, ne sont plus
les mêmes qu'à l'époque des eaux chaudes,
bourrées de substances en dissolution, de la
mer primitive. Sommes-nous sûrs des conditions indispensables à la génération spontanée de ces malheureux microbes sur le
dos desquels on s'est tant battu? De quel
droit conclure à l'impossible, quand on ne
connaît pas les conditions du possible?

Passons maintenant à l'évolution pro-
gressive des organismes terrestres, une
autre question également controversée,
avec encore plus d'acharnement, sans
meilleures raisons à donner.

L'ÉVOLUTION DES ORGANISMES TERRESTRES.

1.

Nous avons sous la main un livre dont nul ne saurait contester le témoignage, dans lequel est écrite en caractères absolument authentiques l'histoire de la création terrestre, c'est la Terre elle-même qui a gardé dans les couches de terrains accumulées les unes sur les autres les traces des animaux et des végétaux qui ont vécu, d'âge en âge, à sa surface. Grâce à ce livre, entr'ouvert pour la première fois dans ce siècle-ci, et qui nous réserve, à coup sûr, bien d'autres découvertes, nous savons déjà, de science certaine, dans quel ordre général ont eu lieu les apparitions successives des espèces végétales et animales existantes à l'heure qu'il est — je ne parle pas de celles perdues en route, qui ne se sont pas perpétuées jusqu'à nous. Leurs empreintes et leurs débris, incrustés dans les bancs de pierre qui se sont superposés, nous apprennent que dans les deux règnes les espèces inférieures sont venues les premières à la vie, et qu'ils ont monté ensemble dans une ascension parallèle. Ils se sont perfectionnés simultanément, chacun de son côté, et conservent encore sous les créations supérieures le gros de celles qui les avaient précédées, prolongements persistants des existences dont elles proviennent. Nos prêles et nos fougères ont été les contemporaines des premiers poissons. Les arbres de nos jardins et de nos forêts ont accompagné les animaux venus les derniers, les grands mammifères, nos voisins de conformation, surtout à l'intérieur.

Ce sont là des faits hors de discussion.

On peut les ignorer : les preuves sont trop palpables, trop faciles à donner, pour qu'il soit permis de les révoquer en doute. Où le débat peut s'engager, c'est sur le procédé employé par la puissance créatrice à mesure de toutes ces existences reliées entre elles par tant d'analogies, car elles ne sont pas venues au monde toutes seules, c'est bien certain.

Est-elle allée de l'une à l'autre, conservant intégralement dans chaque espèce nouvelle le travail accompli déjà, pour le perfectionner seulement, et l'aura-t-elle ainsi amené graduellement au point culminant qu'il devait atteindre? Ou bien, rejetant à chaque fois son œuvre interrompue, l'aura-t-elle recommencée entière à nouveaux frais, quand elle avait un perfectionnement à y ajouter? Sera-t-il sorti de terre, à un moment donné, un chêne avec ses glands, un bœuf armé de ses cornes? Et que dis-je? un chêne et un bœuf! C'est tout le règne végétal et animal qu'il fau-

7

drait passer en revue! Si l'on ne veut pas
admettre le passage successif d'une espèce
à l'autre, on est bien forcé d'accepter
qu'elles auront été fabriquées de toutes
pièces, qu'il y aura eu la création à part
des sapins, des rosiers et des chênes, celle
de la grenouille, du pigeon, du mouton,
du rhinocéros et des autres.

Poser ainsi la question, c'est la résoudre.
Ce que le plus borné de nos ouvriers ne
ferait pas, la force intelligente qui a travaillé par ici ne pouvait pas le faire. Mais
il y a une preuve à donner à l'appui de
l'arrêt rendu par le bon sens, une preuve
qui me parait sans réplique. La seule manière de ne pas être écrasé par elle, c'est
de passer à côté.

Ce travail progressif et continu de la
nature, dont la donnée est si raisonnable,
elle le reproduit en permanence sous nos
yeux, dans toutes ses créations à la fois,
chaque être nouveau qui entre dans la vie
étant une création nouvelle, soumise à la

loi de son espèce, et qui la recommence pour son compte individuel. Toutes débutent, comme je l'ai dit plus haut, par la cellule gélatineuse, et suivent invariablement la marche première de son évolution jusqu'au point où elle s'est arrêtée dans l'espèce. Le poisson commence par être un mollusque dans son œuf, la grenouille un poisson dans le sien. Mieux que cela, quand elle en est sortie, elle reste impudemment poisson au grand air, jusqu'à ce que le développement tardif de ses poumons l'ait délivrée de l'ignominie des branchies. Le mammifère a le cœur du reptile dans le ventre de sa mère. L'aspect général du fœtus de la poule, à son huitième jour d'incubation, est celui du fœtus de la tortue, à la sixième semaine de sa mise en marche. Le fameux problème, insoluble autrement, du débat de priorité entre l'œuf et la poule, tombe de lui-même avec l'évolution. La première poule est sortie d'un œuf pondu par un être qui n'était pas

encore la poule, dont l'enfant l'est devenu
dans son œuf. Le passage se sera fait par
étapes, naturellement.

Passez en revue, d'autre part, la série
des cerveaux, de l'araignée à l'homme.

Le premier commence par rappeler de
loin ce que sera plus tard cet organe, d'une
importance si capitale dans l'animalité.
Mieux dessiné, avec des écarts capricieux
dans les poissons et les reptiles, le type se
fixe définitivement dans les oiseaux. Le
cervelet accentue nettement ses replis à
la base des deux lobes du cerveau qui perdent, pour ne plus les revoir, leurs accessoires antérieurs. C'est désormais un progrès acquis, sur lequel on ne reviendra
pas; et d'espèce en espèce, à commencer
par les mammifères inférieurs, l'organe va
toujours s'acheminant vers la forme définitive qu'il atteindra dans l'homme, chaque
nouveau coup de pouce de l'artiste mystérieux ajoutant un détail de plus, qui persiste ensuite jusqu'à la fin. Mettez en re-

gard un cerveau d'homme et un cerveau
de singe papion, vus tous les deux sur leur
face interne, le regard d'un anatomiste y
trouvera bien vite les différences; mais les
ressemblances n'ont pas besoin d'un obser-
vateur exercé : elles sautent aux yeux du
premier venu.

N'y a-t-il pas là l'indice irrécusable d'une
œuvre conservée soigneusement pendant
toute la durée du travail, avec des améliorations successives à chaque reprise, sans
qu'aucune espèce, pas même la nôtre, soit
en droit de se vanter que l'organe qui lui
est commun, à peu de chose près, avec
ses voisins d'en bas, ait été conçu et fabri-
qué exprès pour elle?

Que parle-t-on du singe comme ancêtre
répudié par l'homme? Il s'agit bien ici
vraiment du singe! L'espèce que l'homme
a continuée avait ses premiers antécédents
bien au delà du lézard, qui est déjà un
animal très perfectionné. Chacun de nous,
qui plus est, a passé comme elle par toutes

les étapes intermédiaires qu'ont traversées
ses derniers compagnons de route. Inutile
de la chercher maintenant de leur côté,
puisqu'elle est devenue l'homme.

Que faire à cela? C'est un orgueil dérai-
sonnable de se révolter contre la loi manifeste de toute la création terrestre, de
toutes celles des autres mondes, bien certainement. Aurions-nous la prétention,
par hasard, qu'il ait été fait exception
en notre honneur? Qu'y gagnerions-nous?

On aurait assurément fort scandalisé
Louis XIV en lui disant qu'il descendait
d'un boucher de Paris, souche des Capé-
tiens. Cela n'aurait pas empêché sa lignée
royale, déjà sept fois séculaire, d'avoir,
si la légende est vraie, ses origines premières dans une boutique.

II.

Donc, il est entendu que nous admet-
tons l'évolution des organismes terrestres.
Étudions ses lois.

Il y en a deux que nous connaissons déjà, que nous retrouvons ici, manifestement en jeu.

Si la cohésion agissait seule sur les atomes, l'immobilité régnerait en maitresse absolue dans les corps. Si le calorique n'y rencontrait pas de contrepoids, il emporterait leurs éléments dans l'espace. La combinaison de ces deux forces y sauvegarde à la fois la stabilité et le mouvement. Il en est de même ici.

L'attraction qui enchaine l'être organique à son point de départ, qui le rattache à ses ancêtres, s'appelle l'atavisme — *atavus*, ancêtre. — C'est sa loi de stabilité.

L'expansion qui l'emporte en avant, et détermine ses modifications, est la loi de son progrès.

Par elle, le perfectionnement arrive. Par l'atavisme, il se transmet de l'ancêtre à ses descendants, finit par créer l'espèce nouvelle dans laquelle il se fixe et devient, sans se séparer de sa base première, une base nouvelle sur laquelle s'implanteront les perfectionnements à venir. Nous venons d'en avoir un exemple dans l'histoire du cerveau.

Des monstruosités accidentelles, pour prendre le mot dans son sens scientifique ; le pendant, si vous voulez, de nos hommes de génie ; des individus privilégiés chez lesquels un écart s'est produit, les circonstances aidant, qui enrichissent en eux-mêmes le type de leur espèce, et font souche : on ne peut guère se représenter autrement la marche ascendante de l'évolution organique. Elle aura pu se faire successivement dans toutes les espèces, alors que leur type n'était pas encore suffisamment fixé par une durée suffisante de la transmission atavique ; et pour chaque espèce dans plusieurs individus prenant, chacun de leur côté, des routes divergentes. Comment retrouver maintenant la filiation directe des espèces actuelles, et dresser leur arbre généalogique ?

C'est bien la comparaison d'un arbre qui vient tout d'abord à l'esprit quand il veut se représenter l'ensemble de la création organique, d'un arbre qui monterait droit, comme le sapin, lançant circulairement des branches latérales, en communauté d'origine à leur point de départ, distinctes et sans contact à leurs extrémités. La pousse extrême de la tige centrale s'élancerait au dessus du dernier anneau.

Où la comparaison pèche, c'est que l'on ne parvient pas à retrouver la ligne apparente de ce tronc commun, montant droit jusqu'à sa pousse terminale, qui serait l'homme. Le procédé employé semble avoir été différent. De ces branches latérales dont les extrémités sont autant d'impasses, partent des rameaux ascendants, générateurs de branches supérieures. Tout cela se croise et s'entrecroise en un fouillis inextricable, si bien que c'est plutôt à l'image d'un treillis pyramidal, d'une végétation en touffe qu'il conviendrait de s'arrêter. On en voit bien la base et le sommet; mais on se perd dans l'enchevêtrement quand on essaie de monter de l'une à l'autre (1).

Tout au plus peut-on entrevoir çà et là quelques points de transition possible dans ce qui nous reste de tant de créations successives dont beaucoup ont disparu — les découvertes encore si incomplètes de la géologie, une science née d'hier, l'attestent déjà suffisamment.

La lamproie qui a le suçoir de la sangsue, et dont la colonne vertébrale n'est qu'à demi formée, est un témoin facile à

(1) Je parle ici pour le règne animal seulement. Le règne végétal est une conception d'un autre ordre, plus difficile encore à saisir. Détaché, dès le début, du tronc organique, à la base duquel végétaux et animaux, presque conformes de structure, semblent se confondre dans l'obscurité de la même vie, il a son évolution à lui, dont le plan se reconnaît aisément, mais où l'on a peine à découvrir, s'il existe, le point culminant visé. Il demanderait une étude à part qui n'entre pas dans le cadre de celle-ci, faite pour aboutir à l'homme.

reconnaître du passage du mollusque au poisson. Celui du batracien au reptile se laisse voir assez clairement dans la sala-mandre, dont l'espèce aquatique touche à la grenouille, l'espèce terrestre au lézard. De la couleuvre à l'anguille qui s'en va dans l'herbe pour changer, à l'occasion, de résidence, il n'y a qu'un pas. La couleuvre pourrait bien venir d'une anguille sortie de l'eau, qui n'aurait pas retrouvé son chemin; et ceux qui l'ont baptisée les premiers : anguille de haie, pour s'autori-ser à la manger, n'avaient peut-être pas tout à fait tort. Qu'un phoque soit devenu la loutre, et une loutre le chat, qui a con-servé le goût du poisson, quoi d'impossi-ble? De même pour le morse, un cousin du phoque, dont une espèce, le lamantin, remonte les grands fleuves de la région tropicale, et se nourrit de végétaux. Qui a vu l'hippopotame aplatissant à terre sa masse informe et huileuse, n'éprouvera pas grand embarras à voir là le descendant d'un lamantin. L'embarras est plus grand assurément de le faire surgir à neuf du limon des fleuves, comme ces rats dont les vieux Égyptiens avaient parlé jadis à Hérodote, prétendant les avoir surpris en voie de formation dans le limon du Nil, moitié rats, et moitié boue.

Je pourrais trouver encore d'autres similitudes; mais le problème de l'évolution totale n'en serait pas mis au clair pour cela. Il suffit qu'on la juge forcée, de par l'impossibilité de s'en passer.

Il faut bien se dire, du reste, que ce travail de la Terre, enfantant ses organismes, a dû se faire sur tous ses points, en commençant selon toute apparence par ses pôles, ramenés les premiers au degré de refroidissement voulu pour permettre à leurs éléments, si volatils, de se constituer à poste fixe; et que, d'une région à l'autre, la nature du sol et les conditions atmosphériques auront déterminé des créations différentes sur le même type général. Il n'est guère admissible qu'il y ait eu sur la terre un premier bœuf, un premier cheval, un premier chien, pères officiels de tous les autres. Chaque région aura eu, d'âge en âge, sa faune et sa flore autochtones, issues des espèces locales antérieures; et c'est ainsi que les types spéciaux actuellement à l'Amérique se retrouvent dans les fossiles de leur contrée.

Voilà bien des explications qui n'expliquent pas grand chose, je suis le premier à le reconnaître. La seule explication dont mon esprit puisse se contenter est celle qui répugne si fort aux orgueilleux. Il y a sous tout cela un plan qui se déroule, une poussée irrésistible, préméditée. C'est forcé aussi, de par l'impossibilité de s'en passer.

La transformation des organismes demeure inexplicable sans la donnée d'une loi qui l'aura régie, d'une puissance créatrice qui aura mis la main à la fabrication des organes. La lutte pour la vie peut bien

nous donner la raison de la disparition des
espèces ; elle ne nous donne pas celle de
leur apparition. La sélection non plus. De
qui l'être privilégié tient-il son privilège ?
Que le sang cesse de fabriquer l'œil, où il
n'est plus appelé, dans certains reptiles et
certains poissons soumis, de générations
en générations, à l'obscurité permanente
des cavernes souterraines ; que l'effort pour
l'existence ait déterminé le développement
d'un organe, au détriment d'un autre dont
il absorbait la nourriture : cela se comprend. Ce qui ne se comprend pas sans
l'intervention d'une loi directrice, c'est
comment le sang avait pu fabriquer l'œil ;
comment les deux organes, l'un enrichi,
l'autre appauvri, s'étaient élaborés à l'état
normal. Et dans cette merveilleuse série
des cerveaux que j'ai fait passer sommai-
rement sous vos yeux, de quel droit irait-
on prétendre que c'est l'intelligence, toujours croissante d'espèce en espèce, qui a
développé le cerveau et non pas le déve-

loppement du cerveau qui a fait croître l'intelligence? Ne serait-ce pas mettre la charrue avant les bœufs, le produit avant le producteur? Alors, pourquoi le cerveau s'est-il développé?

On ne la voit pas cette puissance créatrice. Voit-on l'électricité de la pile dans le baquet galvanoplastique? qu'importe? puisqu'on voit l'objet accroché au pôle négatif se couvrir du métal apporté par le courant électrique. A l'œuvre, dit le proverbe, on connaît l'artisan. Puisque l'œuvre est là, il faut bien que l'artisan soit quelque part. Dire que l'on doit s'en tenir à l'œuvre, et qu'il est vain de s'occuper d'autre chose, c'est commode, mais insuffisant, je ne dis pas pour le penseur, pour le simple curieux. L'on aura beau faire fi de la curiosité humaine, c'est un privilège de l'espèce auquel on ne la fera pas renoncer. Elle lui a trop d'obligations!

Je me figure un ignorant, n'ayant jamais entendu parler de la vapeur, qui verrait pour la première fois passer devant lui une locomotive emportant son train à toute vitesse. On rirait de lui s'il allait, sans se soucier de la vapeur qu'il ne voit pas, faire honneur de tout cet entraînement au mécanicien et au chauffeur qu'il voit sur la locomotive. Celui-là n'aurait pas le droit d'en rire qui fait honneur de l'entraînement de la création organique à l'influence des milieux, à la sélection, à la lutte pour la vie, à l'effort pour l'existence.

Comme le mécanicien et le chauffeur, tous ces agents, commissionnés par la nature, ont pu accélérer le mouvement, le modérer, l'arrêter même : ils ne l'ont pas produit. Ils étaient, et sont encore à la puissance invisible qui a emporté la création organique dans son mouvement ascendant, ce que les autres sont à la force renfermée dans leur monstre de fer, des auxiliaires subordonnés, avec un rôle à jouer réel en fait, mais essentiellement secondaire.

Libre après cela à l'imitateur de notre
ignorant de faire abstraction quand même
de la force cachée qu'il ne peut pas s'expliquer, du mystère qui lui déplait; mais,
pour être logique, il devrait s'abstenir jusqu'au bout, et laisser là une explication
qui n'explique rien. Mieux vaut encore
s'asseoir, de guerre lasse, au pied d'un
mur, que de se le déclarer franchi, quand
on reste devant.

Pour en finir avec cette question si grave
de l'évolution des organismes terrestres, et
de la puissance mystérieuse qui aura dû
présider à ses phases successives, qui doit
présider encore au maintien des résultats
acquis dans chaque espèce — une face de
la question qu'on perd trop légèrement de
vue — il faut que je fasse ici ma con-
fession.

Une chose me troublait dans le regard
jeté sur l'ensemble de la création dont
nous sommes, c'était les imperfections que
la raison y découvre, les essais avortés

dont fait foi l'inspection des couches révé-
latrices de la surface du globe, les êtres
incomplets qui se sont perpétués jusqu'à
nous, et qui semblent n'attendre que l'heure
de disparaître. Une nature qui hésite et
s'essaie, la grande nature naturante de
Spinoza, cela ne cadrait pas dans mon esprit avec l'idée qu'on doit se faire de la loi
suprême, infaillible, universelle, préposée
au gouvernement de l'univers, avec l'idée
du dieu inaccessible que la raison réclame,
même sans l'espoir de l'atteindre. L'infaillible ne peut pas essayer, et s'y reprendre
à deux fois. La conception d'une déléga-
tion donnée aux astres, aux dieux secon-
daires, pour présider eux-mêmes à leurs
créations personnelles, cette conception,
qui peut sembler étrange au premier abord,
a l'avantage de mettre l'esprit à l'aise sur
les imperfections possibles de ces créations.

Dieu est Dieu, et la terre est son prophète, elle et les astres, bien entendu. Des

astres créateurs autonomes, dans la mesure de liberté que comporte leur titre su-
périeur, les États-Unis de l'univers, sous
le frein nécessaire de la loi universelle,
cela donne droit à l'imperfection, en sau-
vegardant l'idée de la perfection absolue.

Elle nous écrase, cette idée; mais, pour
reprendre le mot de Pascal, en le trans-
formant, il est beau d'être écrasé par elle.
C'est le signe qu'on la conçoit.

LE RÈGNE HUMAIN.

———————

Nous portons encore la marque du premier philosophe, de l'animal qui est devenu l'homme, entraîné, selon toute apparence, par sa femelle : il avait le pied de l'ours et la main du singe.

On le retrouvera quelque jour, lui et ses ascendants immédiats, dans les fouilles à faire en tant de régions encore inexplorées. C'est entre la Caspienne et le Gange qu'elles demanderaient surtout à être dirigées. L'espèce aura dû se produire ailleurs, sous la poussée irrésistible de la loi qui a présidé à toutes les autres transformations, et par les mêmes procédés; mais il parait infiniment probable que c'est là qu'elle s'est constituée d'abord en véritables sociétés humaines, à une époque qu'il nous est défendu jusqu'à présent de déterminer, même approximativement. Les 7 ou 8.000 ans dont témoignent les documents déterrés de nos jours dans les vallées de l'Euphrate et du Nil datent de peuples en pleine civilisation, bien éloignés des premiers hommes (1), plus éloignés peut-être d'eux que de nous.

(1) Je parle ici de l'homme historique, celui dont nous descendons, le seul dont on puisse parler. Il serait téméraire de lancer une affirmation dans cette nuit noire des temps anté-humains; mais il paraît improbable que tout ce qui porte aujourd'hui le nom d'homme soit de la même famille, qu'il y ait filiation directe entre le nain velu de l'Afrique Centrale, l'indigène de Bornéo, qui vit sur les arbres, et l'homme de la haute Asie. Tous les climats, tous les sols n'auront pas été des facteurs égaux dans le travail uniforme de la nature à la surface du globe. Les précurseurs de génie — on ne peut pas encore dire : les hommes — n'auront pas surgi également partout pour faire souche ascendante et préparer les voies au progrès à venir;

Pour en revenir à l'être intermédiaire en qui s'est produit le type humain, par une série probable de transitions sur lesquelles nous n'avons encore aucune donnée, ce double emprunt de conformation qu'il nous a légué semble correspondre à une autre fusion des deux espèces auxquelles il aura été fait.

La tête des animaux, de nos voisins surtout, travaille comme la nôtre. Pour être d'un ordre inférieur, son travail n'en est pas moins incontestable. Demandez aux

des branches avortées de l'espèce, saisies par l'atavisme au cours de leur essai de développement, se seront arrêtées au point qu'elles ne devaient plus dépasser, un point parfois très voisin du niveau animal. Tout donne à croire que le Boschiman du cap de Bonne Espérance, qui touche à la limite, est bien antérieur aux plus vieilles dynasties de l'Égypte et de la Chaldée, que dis-je? à la race blanche, et qu'il n'ira pas plus loin, en lui accordant un avenir d'autant de milliers d'années qu'il en a derrière lui. C'est une race sans histoire, qui n'en aura jamais, pas plus que les troupeaux d'antilopes de son voisinage. Il est bien clair qu'il faut la laisser en dehors d'un tableau de l'évolution humaine.

cavaliers et aux chasseurs s'il n'y a aucune idée dans la tête du cheval et du chien, pas de mémoire, pas de volonté, nul raisonnement à leur usage. Le singe, notre plus proche voisin, a de tout cela, et à plus haute dose, mais gâté par une mobilité excessive, qui ne lui permet pas de se fixer à rien, et fait le désespoir de ceux qui entreprennent des éducations de singes. La lenteur méditative de l'ours, qui possède aussi l'intelligence animale à haute dose, apportait un correctif précieux à l'exubérance évaporée de l'autre. Grâce à la combinaison, l'être à cheval sur les deux espèces allait se trouver mieux armé pour franchir la barrière qui sépare la vie animale de la vie humaine, un passage aussi difficile en son genre que celui par lequel la création terrestre est entrée de la vie chimique dans la vie organique.

Il y a bien longtemps que cette idée m'est venue. Je vous la livre pour ce qu'elle peut valoir.

Quoi qu'il en soit de ses origines direc-
tes, il y a eu nécessairement un moment
où l'être constitué par la nature pour devenir la souche de l'homme actuel s'est
trouvé debout sur ses pieds, allant de
compagnie avec ses camarades les animaux, et certes, rien ne pouvait les aver-
tir alors qu'un roi leur était né. C'était l'é-
poque — nous sommes autorisés à le
croire — où l'éléphant qui a laissé partout
ses ossements enfouis dans le sol, prome-
nait en maitre sur le globe ses bandes
nombreuses, organisées peut-être en sociétés rudimentaires, préface des nôtres;
où les grands carnassiers, vivant sans
doute en paix avec ces géants enrégimen-
tés auxquels ils n'avaient pas de proie à
disputer, étendaient sur les faibles leur
empire incontesté. Bien petit dans la foule
devait être, à sa période d'animalité, le
roi futur de la création!

Comment en est-il sorti? Qui le saura
jamais?

Cela s'est-il fait d'un coup, à un jour donné, sur un point donné? La marche constante de la nature ne permet pas de le supposer. Elle aura gardé là, comme partout, son allure habituelle, ménagé ses transitions, travaillé de plusieurs côtés à la fois. Il a bien fallu pourtant qu'un jour, quelque part, une étincelle ait jailli, éclairant soudain un cerveau privilégié, mieux préparé que les autres par les lueurs entrevues déjà, qu'il y ait eu enfin un homme de génie, le premier.

Je veux m'en tenir aux vieilles traditions : cet homme de génie a dû être une femme.

J'en demande bien pardon à ceux qui voudraient enfermer l'esprit humain dans le positif; mais je me vois forcé de les scandaliser. L'animal sent, comme nous; il veut, comme nous; il raisonne, comme nous — moins sans doute; en revanche, cela le sauve de raisonner faux. Il a nos amitiés, nos colères, nos rancunes,

nos désirs de plaire, toute la gamme de
nos passions. Ce qui lui manque essentiellement pour être l'homme, c'est le besoin de savoir ce dont il n'a pas besoin;
c'est l'aspiration vers l'inconnu, c'est un
idéal à poursuivre qu'il n'atteindra pas.
L'homme en souffre évidemment. Il était
plus tranquille dans son Paradis animal,
comme l'enfant dans ses langes. C'est la
condition de son progrès. Quand il sera
quitte du ressort qui le pousse, l'heure de
la halte aura sonné pour lui.

Ce ressort agit surtout dans la femme.

Elle est plus curieuse, plus chercheuse
que l'homme; l'inconnu, le meilleur l'attire davantage. C'est par ses ambitions le
plus souvent que montent les familles;
c'est par elle que l'espèce primitive aura
dû monter. Ève ou Pandore, qu'elle ait
été tentée la première par le démon de la
curiosité, par l'appât du désir, c'était bien
dans sa nature : les antiques légendes
n'ont rien d'invraisemblable. Et pourtant,

à mon sens, la vraie raison n'est pas là.

Autre chose encore désignait la femme, et mieux, pour le rôle d'initiatrice, la maternité. C'est aussi dans l'ordre de la nature que la perte ou le danger d'un petit ait éveillé un sens nouveau dans la mère affolée ; que maudissant tout à coup, ou invoquant une puissance inconnue, elle ait, par un geste, appris au père à regarder en haut, n'ayant rien à y voir. La religion aurait ainsi commencé sur la terre, et l'homme avec elle.

Un mot me revient ici en mémoire qui m'est échappé à la séance de clôture d'un congrès de la Ligue de l'Enseignement :

« Les anciens avaient défini l'homme un animal religieux. Supprimez l'adjectif, il ne restera plus que le substantif. »

Ajoutez-le à l'animal, vous aurez l'homme.

Et puisqu'il faut croire à un arrangement prévu des choses, sur notre monde aussi bien que dans les autres, à une force intelligente, directrice du mouvement,

sans la donnée de laquelle l'esprit se refuse à rien comprendre du spectacle qu'il
a devant lui, n'est-ce pas une idée qui
s'impose que cette révélation dernière était
le terme naturel où la création terrestre
devait aboutir dans son ascension? Elle a
désormais un agent conscient, responsa-
ble, dans une limite qui s'étendra toujours,
à mesure qu'elle continuera en lui son ascension, un délégué en sous-ordre, appelé
à devenir créateur à son tour, avec une
double mission à remplir, celle de mettre
la main sur les forces naturelles pour les
employer, sous sa propre direction, à l'a-
chèvement de l'organisation de son globe;
celle de monter à la conquête du vrai, du
beau, du bien, but suprême de sa destinée.

C'est pour cela que j'ai mis en tête de ce
chapitre : LE RÈGNE HUMAIN, un terme pour
lequel il n'y a de place dans aucun livre
sérieux d'histoire naturelle. Regardez, pla-
cés côte à côte dans une vitrine de musée,

un squelette d'homme et un squelette d'o-
rang-outang, il saute aux yeux que l'un
n'est que la reproduction modifiée de l'autre. Mais ce qui les habitait du vivant des
deux êtres n'est plus du même ordre. La
différence est du domaine philosophique;
elle n'appartient plus au ressort du natu-
raliste.

L'homme est bien un être à part sur son
globe, conservant, comme tous les autres,
la somme des vies antérieures à la sienne;
animale, organique, chimique et physique;
mais les reliant par sa conscience et sa
raison aux vies supérieures, dont la sienne
est un reflet.

Il est permis de rester dans la modestie,
et de ne pas se dire humilié d'une origine
indéniable, quand on a droit à une si noble
fierté.

LE ROLE DE L'HOMME SUR SON GLOBE.

L'on se trouve obligé d'être humanitaire quand on se met en face de l'humanité, et qu'on entreprend l'esquisse de son rôle sur notre globe. Laissons de côté les questions de races et de pays, et prenons l'homme comme s'il n'y en avait qu'un.

Il est entré timide, inaperçu, dans la vie nouvelle qu'il inaugurait, à peine distincte de l'ancienne au début; mais le germe de sa royauté future était en lui: il se mit vite à l'œuvre. Par le vêtement — des feuilles d'arbres et des peaux de bêtes — par l'arme et l'outil empruntés aux pierres

qu'il avait sous la main, il a commencé à
se donner des organes qu'il n'avait pas re-
çus. Le feu, « l'organe de tous les arts »,
comme Eschyle l'appelle dans son Promé-
thée, aura été, au dire des anciens, la
première force de la nature qu'il ait prise
à son service. Mettant à profit l'instinct de
ceux des animaux qui sont sociables comme
lui, il les a attachés à sa personne pour
l'aider à chasser sa proie, transporter ses
fardeaux, le nourrir de leur chair et de
leur lait. Il a attaché le bœuf à sa charrue
de bois, forcé la terre, vierge jusque-là,
de recevoir les semences et de produire
pour lui. Il a commandé à l'eau d'aller là
où ses champs avaient soif, de le porter
sur un tronc flottant; au vent de gonfler
ses voiles; aux talus rocheux de lui livrer
leurs blocs pour ses constructions. Mis en
goût par les propriétés précieuses du métal de l'âge d'or, si facile à ramasser à l'é-
tat natif, il est parvenu, on se demande
comment, à retirer de leurs minerais l'ar-

gent, le cuivre et l'étain de l'âge de bronze, le fer enfin, le plus commun et le plus précieux des métaux, le plus difficile aussi à dégager des liens qui le retiennent prisonnier.

Sont venues les agglomérations de peuples, les civilisations raffinées, mères de la nôtre, les grands empires du monde ancien. L'homme a déjà conscience de sa force. Il a fait reculer la forêt primitive devant ses cultures et ses plantations, chassé de son domaine les grands carnassiers, maîtres avant lui du terrain. Les antiques sentiers, tracés aux meilleurs passages par le pied des bêtes, sont reliés entre eux, changés en routes qui vont de ville en ville, et mettent les contrées en communication par dessus les chaînes de montagnes. Des ponts ont été jetés sur les fleuves. Les caravanes de marchands promènent leurs chameaux à travers les déserts inhabités. Les navires de l'homme civilisé sillonnent les mers, allant à la dé-

couverte, élargissant son morceau du globe,
si petit au commencement. Déjà les Phéniciens de Néchao, partis de la mer Rouge,
sont rentrés en Égypte par le Nil, ayant
fait le tour de l'Afrique en trois ans. Le
Grec marseillais Pythéas s'est avancé vers
le Nord jusqu'aux approches des glaces
polaires. L'Empire romain, héritier définitif
du travail des vieux peuples, enserre enfin
dans les mailles d'un seul réseau admi-
nistratif tous les riverains de la Méditerranée, le petit coin du globe conquis le premier à une organisation aussi étendue.
Rome appelle cela l'Univers ; et c'était bien
pour elle l'univers terrestre, puisqu'elle ne
connaissait guère le reste que par ouï dire,
sans compter ce qui n'existait pas pour nos
pères de l'antiquité.

Entre temps, la science humaine était
née, gardée jalousement d'abord dans les
temples, son berceau, où l'on redoutait ses
révélations, divulguée plus tard, et poussée plus loin par les Grecs, les grands

émancipateurs, pour nous, de l'esprit humain. Aristote et Pline l'Ancien, son continuateur, sont déjà des encyclopédistes, au delà desquels on n'est pas allé avant l'éclosion de la science moderne, il y a encore si peu de temps.

Ne parlons que de l'astronomie, la science sacerdotale par excellence, celle qui grandit l'homme au plus haut degré.

Après avoir commencé par calculer la durée de l'année, par suivre dans le ciel la marche des astres voyageurs, des planètes nos sœurs, on était parvenu, et depuis longtemps, à déterminer, au prix d'observations qui ont dû demander des milliers d'années, des périodes astronomiques dont une, celle signalée par le calendrier de Medinet-Abou, ne demande pas moins de 1460 ans pour s'accomplir. Si la foule s'en tenait encore à la terre plate, centre du monde, Pythagore avait enseigné hardiment qu'elle était sphérique, et qu'elle tournait autour du soleil. Plus d'un siècle avant l'empereur Auguste, Hipparque, le Newton des Grecs, en était arrivé à prédire les éclipses à venir pendant 600 ans. L'on était loin déjà du premier regard encore endormi levé vers le ciel pour l'inspecter, comme objet de curiosité.

Et quel chemin depuis la peau de bête jetée sur l'épaule, l'arme et l'outil de pierre, le fruit récolté dans les bois, la caverne disputée à l'ours, son propriétaire légitime, de père en fils ! Qu'aurait pu penser notre premier philosophe transporté en rêve dans les splendeurs de la Rome impériale, s'il était possible de voir en rêve ce qu'on n'a jamais vu dans la veille ?

Et pourtant, si l'univers romain était mis à contribution pour la table de l'empereur et des patriciens; si les lions et les tigres, la terreur de l'homme naissant, arrivaient par centaines de la Numidie dans les loges du Cirque pour se faire tuer, aux cris de joie de la plèbe; si les voies romaines allongeaient leurs rangées de dalles d'un bout à l'autre de l'Empire, le règne humain n'en était presque, après tant de siècles accumulés, qu'à son avènement sur le globe.

La main mise par lui sur la nature se réduisait encore à peu de chose. Il ne faisait travailler pour lui que les plus élémentaires de ses forces, et n'avait surpris que bien peu de ses secrets. Le tour de force d'Archimède ordonnant aux rayons du soleil de la Sicile d'aller brûler en mer les galères romaines demeurait un exploit isolé. Les pratiques empiriques servant à la préparation des couleurs, à la fabrication du verre, au traitement des métaux, n'avaient rien appris à l'homme des lois qui régissent la composition des corps, ses calculs astronomiques rien des grandes lois qui régissent le monde. Celles de la vie étaient à peine soupçonnées. L'œil humain, abandonné à lui-même, s'arrêtait en chemin dès les premiers pas dans ses observations. On avait laissé se perdre l'art magique des prêtres étrusques qui savaient appeler la foudre sur un autel : il ne devait être retrouvé que bien longtemps plus tard par Franklin. Et enfin, notre ancienne civilisation, circonscrite dans de si étroites limites, si maigrement servie par une science trop incomplète, ne disposant que de la main de l'homme mal aidée par les animaux, avait osé à peine s'attaquer aux obstacles géographiques. La terre restait pour l'homme, et devait rester longtemps encore, à peu près telle qu'il l'avait trouvée en arrivant. Il fallait laisser venir le siècle où nous sommes pour voir se dessiner nettement le rôle qu'il était appelé à jouer sur son globe.

Ce siècle-ci est le plus grand qu'ait eu jusqu'à présent l'humanité. Je vous les donne tous hardiment à passer en revue; vous n'en trouverez pas un au cours duquel elle ait fait une pareille enjambée; et il n'a pas encore dit son dernier mot. L'évolution allait sans doute s'accélérant

dans les trois cents ans dont il a hérité;
mais elle a pris un tel élan sous nos yeux —
je parle pour les hommes de mon âge — que
rien ne pouvait en donner une idée aux
inventeurs de la pile et de la vapeur, pas
plus que Christophe Colomb et Vasco de
Gama ne pouvaient imaginer quelle place
l'Europe prendrait un jour dans les pays
dont ils lui avaient ouvert le chemin.

Représentez-vous une mappemonde assez
grande pour qu'on puisse y tracer toutes
les lignes actuelles de chemins de fer, flan-
qués chacun de ses poteaux télégraphiques,
tous les trajets de grands steamers par-
tant à jour fixe, et de cables sous-marins.
L'homme n'est-il pas en train de doter son
globe d'un appareil de circulation tel qu'il
n'en a jamais eu, d'un système nerveux
gigantesque, transmettant les avertisse-
ments d'un bout de la terre à l'autre avec
une rapidité qui fait honte aux fils télé-'
graphiques dont notre corps est sillonné?
Rien de tout cela n'existait, il y a bien moins

de cent ans. Il n'y en a pas cinquante que
ce double réseau a commencé de prendre
figure, et nous avons encore jusqu'au 1er
janvier 1901 pour parachever la part que
notre siècle y aura prise.

Que de travaux herculéens — un mot consacré, qui fait rire ici — a demandés déjà
cette organisation seulement entamée de
notre globe. Le génie contemporain ne
connaît plus d'obstacle. La montagne est
percée par le tunnel, la vallée franchie par
le viaduc. Des ponts qui écrasent celui de
Xerxès sont jetés sur les bras de mer. Si
le Bosphore et le Pas-de-Calais se sont dé-
robés jusqu'à présent à l'audace toujours
croissante du microbe constructeur, dessus
ou dessous, leur tour viendra bientôt. Les
grands barrages que les navires de l'homme
rencontrent aux points de jonction des
continents y ont passé ou y passeront l'un
après l'autre; et la France — je ne puis pourtant pas l'oublier — trouvera bien un jour
la force nécessaire pour creuser sur son

territoire un autre détroit de Gibraltar entre l'Atlantique et la Méditerranée. Mais
nous sortons de notre siècle; rentrons-y.

Cette puissance, inconnue de nos pères,
dont la science arme l'homme aujourd'hui
dans ses batailles avec la nature, les seules
batailles de l'avenir, il est consolant de
l'espérer, l'homme l'applique d'une façon
aussi neuve à ses usages personnels. Sauf
la vieille poudre à canon, dépassée de si
loin tout récemment, et la presse à bras
de Guttemberg, si fort dépassée aussi, l'ou-
tillage humain était resté jusqu'à nous, à
peu de chose près, où il en était du temps
d'Homère. A ce siècle était réservé l'honneur de le transformer. L'homme s'est
donné des ouvriers métalliques qui tra-
vaillent pour lui, dont il n'est plus que le
surveillant. Des bras de fer infatigables
ont remplacé ses bras débiles, et la production industrielle, devenue pour ainsi
dire illimitée, a fait croître sa richesse dans
des proportions qu'il n'a jamais connues.

L'Égypte avait ses papyrus, le moyen âge
ses manuscrits sur parchemin, Rome ses
tablettes des Nouvelles du jour qui se re-
passaient de main en main, le siècle dernier les petits carrés de papier de ses ga-
zettes, une innovation. Qu'est-ce que tout
cela auprès des montagnes de livres qui
s'impriment, d'année en année, dans le
monde entier, auprès de ces millions et
de ces millions de feuilles, dont quelques-
unes contiennent la valeur d'un gros volume, qui partent chaque jour de mille
points à la fois, renseignant tous sur tout,
s'en allant à travers l'Océan mettre tous
les pays civilisés en relations quotidien-
nes? Quand rien de pareil s'est-il vu sur
notre globe?

Et que dire de ces inventions merveilleuses que nos ancêtres les plus rapprochés auraient prises pour des imaginations
de contes de fées? De cet embrigadement
de la lumière qui fixe, au commandement
de l'homme, sur une plaque de verre

l'image insaisissable du miroir? De cette autre plaque vibrante qui renvoie à l'oreille la parole prononcée à des centaines de lieues de distance? De cette boite magique qui parle, et dans laquelle on peut enfermer désormais les dernières instructions des mourants pour les lui faire redire à volonté?

Tout cela, et que de choses encore aurais-je à dire! tout cela c'est notre siècle qui l'a apporté dans le monde. Qui saurait deviner ce que pourra en faire le siècle qui vient?

Prenez maintenant une mappemonde de 1800, cherchez-y la place qu'y tient la race européenne, l'ouvrière en titre de tout ce travail, et faites la comparaison sur les cartes d'à présent.

L'homme de l'Europe a débordé partout avec un élan que rien n'arrêtera, pas même le massif du monde chinois; avec ses 400 millions d'âmes — je le vois condamné à l'impuissance, s'il demeure fermé à la civilisation contemporaine, à la dissolution, s'il lui ouvre ses portes. Les magiciens de l'Occident ont posé leur griffe sur les deux hémisphères. De toute l'Amérique ils n'ont laissé que les valeurs négligeables de ses deux extrémités aux Esquimaux et aux Patagons. Ils ont dépossédé, rien qu'en se montrant, l'indigène à peine humain de l'Australie qui est en chemin de devenir entre leurs mains un continent civilisé. Les iles perdues au milieu des flots du Pacifique, et les grandes iles de l'Océan Indien sont en partie déjà sous leur domination : aucune n'y échappera. Ils entrent en Afrique par tous ses côtés à la fois, et se la partagent à l'amiable, comme une terre sans maitres, en attendant qu'ils en viennent aux mains pour se la disputer. L'Asie leur vieille mère, prise entre l'Inde anglaise qui s'étend toujours, et la Russie qui s'avance comme une marée montante, l'Asie voit refluer sur elle la civilisation humaine qu'elle a laissée sortir de ses mains. C'est un second déluge, fécondant celui-là, qui menace la terre de Noé. Il ne reste plus que le froid des pôles devant lequel recule le flot envahisseur. Encore des audacieux vont-ils le braver, pour la gloire de lui avoir porté leur défi.

Quand, comment s'achèvera cette conquête de la sphère terrestre par les hommes venus d'Europe, qui finiront par n'avoir plus d'Européen que le souvenir forcé de leur origine? A quoi bon se mettre en frais de témérité? Il est plus facile d'être historien que prophète; pourtant l'un mène à l'autre. Cela paraît nécessaire que la population supérieure du globe arrive à son unité. C'est la marche forcée de l'évolution humaine.

L'homme n'aurait pas de sens sur son astre, si les dons qui lui ont été faits pour l'élever au-dessus de ses anciens frères de l'animalité ne devaient aboutir à rien de plus sérieux qu'aux batailles qu'il s'y est livrées, à leur exemple, aux empires éphémères qu'il y a fondés, aux enjolivements

dont il a embelli, d'âge en âge; sa vie primitive; si, parti de si bas pour arriver déjà
si haut, il ne devait pas continuer sa marche ascendante jusqu'au terme qui se laisse
entrevoir enfin : l'unification de son espèce
pour la mise intégrale en valeur de l'astre
dont il est le produit définitif.

A quelles mains, allez-vous demander,
doit donc revenir l'empire du monde?

A aucunes, c'est-à-dire à toutes. L'unité
que je vois en rêve ne se fera pas sous le
sceptre d'un monarque — il n'y en aura jamais qui soit de taille — ni sous l'hégémo-
nie oppressive d'un peuple — il n'y en aura
jamais qui soit de force. Je ne puis la concevoir que comme une entente universelle,
une alliance volontaire de tous les peuples,
chacun gardant sa vie propre, communiant
tous dans la vie collective de l'humanité.
Et c'est bien la suite logique de ma conception du plan universel. Nos États-Unis
du monde, de notre tout petit monde, ne
seront que la réduction infinitésimale de

ces États-Unis de l'univers dont j'ai déjà prononcé le nom, toujours sous le frein nécessaire de la loi universelle.

Un rêve certes, à cette distance, car il ne s'agit pas de demain. Pas si rêve pourtant que cela !

Ce sera une des gloires de ce siècle, et non pas la moindre, d'avoir enrichi le dictionnaire du mot : INTERNATIONAL, qui n'avait pas cours avant lui. Il en avait, au surplus, trouvé l'idée fraîche éclose dans le système métrique, le premier travail conçu et exécuté à l'adresse du genre humain, lequel est adopté par les savants du monde entier, et s'imposera aux foules récalcitrantes par la force des choses. Emprunté au globe lui-même, le système métrique en fera le tour. Ce sera le début.

Je me trompe : il est là le début.

Avez-vous jamais jeté les yeux sur la liste des peuples qui ont adhéré à la Convention Internationale des Postes et Télégraphes? Savez-vous qu'ils y sont tous,

j'entends les·peuples civilisés, ou à peu
près, et que le timbre de 25 centimes que
vous collez sur une lettre à destination
étrangère est bien réellement un timbre
humain, puisqu'il lui donne le droit d'aller
partout où il y a des hommes pourvus
d'une boîte aux lettres. Notez que cela s'est
fait sans tapage, comme la chose la plus
simple du monde. Il n'y a pas eu un coup
de fusil à tirer pour la mener à bien.

Que signifient, dites-moi, ces grandes
Expositions Internationales, où tantôt un
peuple, tantôt un autre, donne au genre
humain des rendez-vous qu'il accepte, non
pas entier encore, c'est vrai; mais de quel
poids pèsent dans le monde ceux qui n'y
vont pas?

Encore une invention de notre siècle,
dont on ne mesure pas d'assez près la portée, et que l'on peut considérer comme·le
prélude des grandes assises humaines qui
se tiendront un jour; où l'on décidera quelles
améliorations il conviendra de faire, à frais

communs, sur un point du globe, quelle guerre il faudra déclarer à un fléau.

D'autres guerres viendront avant celles-là, ce n'est que trop probable, hélas! et même en ces temps lointains la discorde et la haine n'auront pas abdiqué leurs droits sur la pauvre espèce humaine. Ce serait trop beau pour qu'on puisse s'en donner l'illusion.

Qui sait s'il ne se trouvera pas alors des esprits chagrins qui nous enverront leurs regrets? Il s'en trouve bien chez nous pour les envoyer au moyen âge!

NOBLESSE OBLIGE.

Ils prétendront, je le parierais volontiers, ces mécontents de l'âge de là-bas, qu'on était plus heureux de notre temps que du leur. Peut-être auront-ils raison, à leur sens. Cela dépendra de l'idée qu'ils se feront du bonheur.

Si, par bonheur, on veut entendre l'absence de trouble dans la vie, ce n'est pas un privilège d'y être venu maintenant. Le plus heureux des hommes a été le premier... avant qu'il fût homme. Rien ne le troublait dans le libre jeu de ses instincts, si ce n'est peut-être à la fin. Suivant la loi commune, il aura dû passer par la phase de la chrysalide qui s'agite dans sa coque, quand le moment arrive de la percer.

Noblesse oblige. Cette fière devise de nos vieux nobles, qui maintiendra toujours au-dessus du commun les familles où elle se conserve, l'implacable nature l'applique à l'homme depuis le commencement de son évolution, et à chacun de nous dans la nôtre, qui n'est que la répétition de la sienne.

L'enfant aussi débute par l'état animal. C'est son âge d'or. A mesure qu'il grandit, que la raison s'éveille en lui et la conscience, le trouble arrive et la lutte. Il s'inquiète; il interroge. Il voudrait arracher le secret des choses à l'Ève éternelle qui le tient dans ses bras. Sa petite volonté, grandissante aussi, se raidit contre les défenses mises en travers de ses instincts. Suivez-le d'un œil attentif depuis sa sortie des premiers langes, c'est l'histoire précipitée de l'espèce que vous avez sous les yeux; c'est son incubation intellectuelle et

morale reproduite à grands traits, de
même que l'incubation physiologique se
reproduit dans le fœtus. Vie fœtale, enfance, adolescence, jeunesse, virilité, l'individu passe, en les brûlant, par toutes les
étapes de l'espèce. Nous pouvons les re-
constituer de confiance en les observant
sur lui, sans savoir au juste, il est vrai, à
laquelle nous en sommes actuellement;
mais, puisque j'en parle, on peut bien se
dire que si notre enfance est un rappel du
passé de l'espèce, notre vieillesse est une
prophétie. De même que nous passons par
le même chemin qu'elle en commençant,
elle passera par le même chemin que nous
en finissant. Cela me paraît une consé-
quence rigoureuse comme un calcul astronomique. Toutes les lois se valent. La marche de celle de la vie s'impose aussi bien
que la courbe d'une comète.

Mais ceci est un hors-d'œuvre. Revenons
à la question du bonheur.

Age heureux de l'enfance! C'est un cri

qui part de toutes les bouches. Qui regrette
de ne pas s'être attardé indéfiniment dans
les limbes de l'enfance? Que de fois, dans
ma longue carrière de professeur de de-
moiselles, m'est-il arrivé d'entendre mes
anciennes élèves évoquer avec un soupir
l'heureux temps de la pension! Elles étaient
épouses et mères, épouses peu heureuses
quelquefois, mères inquiètes. Laquelle aurait consenti à retourner au dortoir et à la
salle d'étude?

L'homme en est là. A mesure qu'il est
monté en grade, sa responsabilité est devenue plus grande, son fardeau plus lourd.
Que de Paradis perdus depuis le premier!

J'ai glorifié notre siècle tout à l'heure.
J'ai dit qu'il était incomparablement plus
grand que tous ceux qui l'avaient précédé.
Je n'ai pas dit qu'on y était plus heureux.

C'est beau à l'homme de s'être donné
des esclaves de fer : l'ouvrier n'y a pas
gagné. Il était le maître de son outil; il en
est devenu le serviteur : il y a chute. La

pauvreté était plus facile à subir quand la richesse était le lot du petit nombre; le pauvre qui se heurte au luxe à chaque pas est une proie toujours guettée par la morsure de l'envie. Et qui n'est pas le pauvre, quand on s'obstine à regarder au-dessus de soi, et qu'on n'a pas le bon esprit de regarder au-dessous? Nous ne retournerons pas pour cela au moyen âge, pas même aux maîtrises et aux trois ordres de 1788.

Plus heureux que le Grec raisonneur et chercheur, dont la courte histoire regorge d'accidents, était l'Égyptien emmailloté dans sa caste, comme ses momies dans leurs bandelettes; qui, de Ménès à Cambyse, a brouté pendant 4.500 ans, à l'ombre de son bœuf Apis. Plus heureux, bien plus heureux que l'Européen, et plus sage au point de vue social, est le Chinois, prisonnier volontaire de la vie de famille, si douce et si reposante, soustrait de nature à l'aiguillon douloureux de l'idéal,

vierge de la domination du prêtre et du
guerrier, ces deux pivots plus de soixante
fois séculaires du monde dont nous sommes. Qui de nous voudrait être Chinois?
Quel Grec aurait troqué son agora pour une
place dans le troupeau égyptien?

Ce bonheur-là, celui qui consiste à souf-
frir le moins possible, nul ne le repousse-
rait pourtant, s'il était vraiment dans la
loi de l'espèce. Pourquoi détourne-t-on la
tête quand il se propose? C'est qu'il y en a
un autre, plus intense et plus noble, qui
est dans la vraie loi de l'espèce, la loi de
son progrès, et dont on a conscience malgré soi. L'être arrivé à la liberté, à la personnalité, je veux dire à un plus haut degré
de liberté et de personnalité, ne peut plus
retourner en arrière. Il demeure enchaîné
à sa part nouvelle de responsabilité par le
sentiment qu'il a de l'accroissement de dignité qu'elle lui apporte. Le trouble et la
lutte vont croissant avec elle; mais les
joies de la vie grandissent aussi pour lui

avec ses douleurs, et si la balance n'est pas égale, n'importe! *Noblesse oblige.* C'est la devise qui poursuit l'humanité depuis son premier jour. Chacun doit s'en inspirer quand il se fait juge du sort qui lui est échu en partage.

Ce n'est pas assez, je le sais, pour consoler les malheureux, s'ils s'abandonnent; ce n'est pas là ce qui donnera la clef du mystère des destinées individuelles.

Qui la donnera?

L'affirmation est facile qu'on ne peut pas contrôler; mais de quoi sert l'oreiller d'une affirmation à la tête qui lui demande le repos, si elle n'est pas convaincue? L'innocence a seule le privilège du repos sans preuve; et n'est pas innocent qui veut. Malheur à qui réfléchit, s'il veut dormir.

Puisque l'homme ne peut plus retirer ses lèvres de la coupe amère de la réflexion, une fois qu'elles s'y sont trempées, il n'a pas d'autre parti à prendre que de la vider courageusement jusqu'au fond. Il est bien forcé de s'avouer que le mystère l'enveloppe de toutes parts, qu'il n'est qu'un atome perdu sur un atome, et que s'il y tient la place d'honneur, cette place est trop petite dans le plan universel pour l'autoriser à juger la loi souveraine qui régit tout. Le soldat n'a pas le droit de demander compte du poste où il a été mis, lui non plus. Il a été fait pour le monde; le monde n'a pas été fait pour lui.

Le plus dur à vaincre est la révolte éperdue de l'idée de justice qui est en nous devant les faits qui la confondent, révolte involontaire dont on ne triompherait pas si nous étions bien sûrs de tout savoir. Mais quoi! d'où pourrait-elle nous venir cette idée de justice, s'il n'y avait pas une justice quelque part? Et comment celle-là pourrait-elle faillir sans se détruire elle-même? C'est l'impiété suprême d'en nourrir la pensée.

Quant à l'orgueil impuissant à comprendre, honteux et furieux de son impuissance,

qui s'érige en justicier de ce qui lui déplait, se hisse sur un piédestal d'impréca-
tions et de sarcasmes, d'où il jette la dé-
solation dans les âmes faibles, et laisse
monter à lui l'encens des sots, son compte
n'est pas long à faire. On lui doit la pitié,
si c'est une maladie, le mépris, si c'est une
pose. Vil entre tous, celui qui, s'intitulant
médecin des âmes, envenime leurs plaies
de parti pris, pour se faire un nom.

Pauvres âmes blessées, qui saignez et
souffrez, il n'y a pas malheureusement
d'autre baume à vous offrir que l'humble
résignation aux lois impénétrables, que l'a-
doration quand même du dieu de justice
et de bonté, que l'âme humaine implore
d'instinct dans ses détresses. Pourquoi le
parquer, chacun dans son culte?

Il n'est à personne; tous y ont droit. C'est
également le méconnaître de le nier, et
d'en faire sa propriété. C'est aussi le méconnaître de le supplier de changer pour
vous les lois du monde. Autant le supplier

de n'être plus Dieu. La vraie prière, la seule qui soit sainte et féconde, est celle d'où l'on sort, comme d'un bain réparateur, rafraîchi et fortifié, sans avoir rien demandé que l'apaisement et la force. Celle-là ne s'apprend pas par cœur, et peut se faire partout, incognito. C'est le coup d'aile qui vous emportera dans les régions sereines de la justice éternelle, d'où l'on plane loin au dessus des misères de la vie. Ne lui préférez pas le blasphème, bête et stérile, qui vous y plongerait plus avant, en les rendant plus cuisantes.

Revenons au bilan de l'humanité dans lequel l'individu disparaît.

La part faite à l'homme est assez belle encore pour qu'il puisse en accepter la charge avec l'honneur. Seul sur sa Terre, il peut en sortir par la pensée. Seul, il peut se mettre en communication avec l'ordre universel. Seul, il est investi du privilège de la liberté morale. Là est sa vraie grandeur, en lui-même, et non pas dans les œuvres sorties de ses mains.

J'ai dit : en lui-même. Je voulais dire : dans ce qu'il y a en lui de divin — de quel autre mot se servir ? — à savoir la conscience et la raison.

Raison humaine ! conscience humaine ! Seul et unique rayon parti de la source invisible d'où arrive en même temps à l'âme, comme du soleil au corps, la lumière et la chaleur ! Je deviens mystique ; mais comment ne pas l'être, quand on s'en va dans ces pays-là ; et le moyen de n'y pas aller, quand on est aux prises avec le problème de la destinée de l'homme ? Il faut savoir pourtant chasser le calcul et le raisonnement de là où ils n'ont que faire, et vivre, à ses heures, de la vie d'en haut, quand elle vous appelle. Ce n'est pas ici le monde du poids, de la mesure et du nombre. Il n'en est pas moins une réalité. La douleur et la joie sont bien des réalités, n'est-ce pas ? Comptez de combien de kilogrammes est le poids d'une douleur, ce que l'éten-

due d'une joie mesure de mètres carrés.
Établissez ensuite le calcul raisonné de la
loi du bonheur ; évaluez par A plus B, pendant que vous y êtes, ce qui fait la grandeur de l'homme.

C'est le charme d'une philosophie de
poche qu'on peut lui laisser la bride sur le
cou, et qu'elle se rit de la férule quand
elle a fait l'école buissonnière. Il ne faut
pas cependant que le divertissement ten-
tateur des escarmouches philosophiques
nous fasse perdre de vue la thèse de ce
chapitre : le départ de la quiétude animale,
à mesure que l'humanité grandit, et l'arrivée compensatrice d'une joie supérieure,
apanage privilégié de notre espèce. Encore
est-il nécessaire de savoir lui garder sa
place, toujours mal occupée pour qui la
laisse prendre aux joies animales.

Grandeur et bonheur ne peuvent aller
de pair qu'à la condition d'être placées sur
le même terrain, et que l'homme aille
chercher le second là où est l'autre, en lui-

même, dans le sentiment de sa dignité, dans l'amour du vrai, qui le met en paix avec sa raison, dans l'amour du bien, qui le met en paix avec sa conscience. Et quand il est frappé par les malheurs de la vie dont nul de nous ne peut rêver d'être affranchi, qui se font sentir d'autant plus vivement que les joies auxquelles ils s'attaquent ont été senties plus vivement, il se doit à lui-même de ne pas s'abandonner même quand il ne comprend pas.

NOBLESSE OBLIGE.

Reconnaissance aussi, en définitive. Si l'on est tenté de maudire pour avoir perdu ce qui était si cher, ne serait-il pas juste de bénir pour l'avoir eu?

APRÈS?

Parmi tant d'amis qui m'ont laissé derrière eux, il en était un, Charles Lambert,
qui avait consacré à la vie future un livre
sorti de son cœur, sous le coup d'une perte
à laquelle il ne pouvait pas se résigner. Il
l'avait intitulé : *Système du Monde moral*,
et y tranchait carrément la question.

Suivant lui, l'âme généreuse, habituée
pendant la vie à s'en aller vivre au dehors,
de la vie des autres, se trouvait à l'aise
pour sortir de sa demeure, quand celle-ci
croulait; elle échappait à la destruction.
L'âme égoïste et sédentaire, clouée en permanence au logis, ne pouvait rompre sa

chaîne au moment fatal ; elle demeurait ensevelie sous les décombres. Qui voulait d'une seconde vie, pouvait la gagner en s'oubliant dans la vie présente. L'homme était l'artisan de son immortalité. L'auteur appelait cela l'*Immortalité Facultative*.

Je ne vous expose pas la théorie pour la faire mienne. Elle prête le flanc à trop d'objections, bien que l'idée dont elle s'inspire ait sa grandeur, et soit peut-être sur le chemin de la vérité. Si j'évoque devant vous ce vieux souvenir, bien vieux déjà, c'est qu'invité par Charles Lamber à parler de l'Immortalité Facultative, avant de procéder à l'examen de sa solution, j'avais voulu donner la mienne, qui n'a pas changé depuis, et que l'idée m'est venue de me reporter à une profession de foi que je gardais enfouie dans mes cartons. La voici telle que je la retrouve dans l'*Opinion Nationale* du 20 novembre 1862. La parenté sera facile à reconnaître avec les pages de ce livre :

« L'animal vit et meurt sans se rien de-
« mander. Tout nous autorise du moins à
« le croire; et nous en avons une sorte de
« preuve appréciable dans les êtres hu-
« mains qui sont restés en route, et qui
« mangent et boivent, vont et viennent, et
« ne s'inquiètent pas de l'inconnu. Mais du
« jour où il a porté la main à l'arbre de la
« science du bien et du mal, l'homme a été
« chassé malgré lui du Paradis animal.
« Qu'il le veuille, ou non, il faut qu'il rêve,
« il faut qu'il cherche; et cette sueur de
« son front dont il est parlé dans la vieille
« tradition, doit s'entendre encore plus du
« dedans que du dehors. De formidables
« problèmes se dressent alors devant lui,
« auxquels il ne peut plus échapper.

« Qu'est-il? Où va-t-il?

« Deux questions que l'humanité se pose
« en permanence depuis le commencement
« de l'histoire, dont elle n'a pas encore
« trouvé la réponse, j'entends une réponse
« qui la satisfasse pleinement, et qui ne

« laisse pas de prise à la controverse.
« L'homme est quelque chose, et il va
« quelque part. Quand vous lui avez
« prouvé le contraire, il se tait, et il con-
« tinue de le savoir. Quand vous lui avez
« enseigné ce qu'il est et où il va, il ap-
« plaudit, et il continue de l'ignorer. Ceux
« qui avaient trouvé au moyen âge que la
« seule manière de réfuter péremptoire-
« ment les aberrations métaphysiques,
« était de brûler les délinquants, ceux-là
« étaient dans le vrai : il n'y en a pas
« d'autre.

    « Aujourd'hui que l'on a renoncé à cette
« façon d'argumenter, je ne sais plus au-
« cune raison tout à fait sérieuse que je
« puisse opposer à M. Charles Lambert
« pour combattre la théorie qu'il expose
« avec une chaleur de conviction qui fait
« du bien à l'âme, si elle ne l'entraîne pas;
« mais en revanche, il doit abandonner
« tout espoir de m'y convertir. Si les hom-
« mes veulent vivre en paix sur ces froi-

« des et sereines régions, glaciers inacces-
« sibles au pied desquels ils ont fait couler
« déjà tant de sang et tant de larmes, il
« faut qu'ils arrivent à respecter tous, dans
« la conscience des autres, la solution que
« chacun en a trouvé.

« Quant à moi, il faut bien que je donne
« ici la mienne, puisque j'ai entrepris d'ex-
« poser les idées d'un penseur pour lequel
« je me sens plein de sympathie, sans
« pouvoir me déterminer à le suivre où il
« voudrait m'emmener. Cela me dispen-
« sera de donner à la réfutation la place
« réclamée par l'exposition.

« Il a fait la faute, je dois le dire, de
« traiter de la destinée de l'âme humaine
« avant d'établir assez nettement ce que
« c'est que l'âme. Il s'est contenté d'affron-
« ter un seul mystère, et je lui pardonne
« bien volontiers : c'est bien assez d'un
« mystère pour un volume. Malheureuse-
« ment il y en a là deux qu'on ne peut pas
« séparer l'un de l'autre, et le second serait

« bien vite percé à jour pour qui aurait eu
« raison du premier. Dis-moi qui tu es, je
« te dirai où tu vas. .

« Or, si les plus intrépides passent pru-
« demment à côté de ce gouffre, il me
« semble qu'on peut sans honte en faire
« autant, reconnaître la tête haute et le
« front levé vers le ciel, qu'on ne sait pas,
« et qu'apparemment il n'est pas néces-
« saire que l'on sache, puisque notre rai-
« son se refuse à nous porter jusque-là.

« Nous ne savons pas non plus ce que
« c'est que le calorique et l'électricité.
« Cela ne nous a pas empêchés de décou-
« vrir, du moins en partie, les lois qui
« régissent ces inconnus jumeaux, et de
« les appliquer aussi efficacement à no-
« tre usage que si nous possédions leur
« signalement authentique.

« De même pour l'âme. Si son essence
« échappe à la raison, ses lois sont acces-
« sibles à la conscience, et cela peut nous
« suffire pour vivre en repos, à la condi-

« tion de diriger comme il convient cette
« force qui est en nous, et que nul n'a
« vue. Il faut bien vivre : c'est ma seule
« réponse à la question de l'âme, et c'est
« aussi la seule que je puisse faire à celle
« de sa destinée.

« Une chose est bien certaine, et c'est la
« seule nécessaire, à savoir qu'il faut se
« conformer aux indications de la cons-
« cience, et quand on fait cela, on peut
« marcher sans crainte vers l'autre vie,
« quelle qu'en soit la récompense ou la
« peine, car il y en a une, je l'affirme;
« mais je me garderais bien d'essayer de
« le prouver, la plume à la main. On
« perd son temps à réfuter logiquement
« qui en doute, et le seul résultat qu'on
« puisse obtenir, c'est de l'enfoncer da-
« vantage dans son doute, en lui démon-
« trant plus clairement l'insuffisance du
« raisonnement.

« Ce n'est pas ici, en effet, matière à
« raisonnement; et pourtant c'est une

« réalité dont nous avons conscience mal-
« gré tout. Il n'y a pas qu'un œil dans
« l'âme; il y a aussi une surface qui
« frissonne, pour emprunter une compa-
« raison à la seule partie de notre être
« que nous puissions concevoir. Pour être
« d'une nature différente, les deux révéla-
« tions se valent, et forment ensemble la
« raison humaine qu'il ne faut pas con-
« fondre avec le raisonnement. On aurait
« mauvaise grâce à contester à un aveu-
« gle, parce qu'il ne le *voit* pas, l'existence
« d'un feu dont il *sent* la chaleur. Eh bien,
« quand je suis penché sur ce trou noir
« de la tombe, je sens un souffle en sortir
« que je ne puis permettre qu'on me
« conteste; mais je ne peux pas permettre
« non plus qu'on veuille me forcer de voir
« ce que je ne vois pas. Ce n'est pas là
« du scepticisme. Le sceptique danse sur
« la tombe, en ricanant. Le sage s'incline,
« en adorant silencieusement.

« Et, de fait, je ne vois qu'une ressource

« pour ne pas désespérer devant un si
« redoutable problème, c'est de se réfugier
« dans un acte d'adoration, ou, si vous
« aimez mieux, dans un acte de foi. La foi
« ne serait pas une vertu, si c'était la
« croyance, car nous ne sommes pas libres
« de croire ou de ne pas croire, et Dieu n'a
« jamais voulu nous demander d'accepter
« passivement, de bouche, des affirma-
« tions auxquelles notre raison aura refusé
« de s'ouvrir. La foi, c'est la confiance, et
« nous pouvons prendre sur nous d'avoir
« confiance en Dieu, et d'aller à lui sans
« savoir ce qu'il nous réserve. Dieu est jus-
« tice et bonté. Qu'est-il besoin d'en savoir
« davantage, et de quoi pourrions-nous avoir
« peur? L'enfant qui a les yeux bandés
« a-t-il quelque chose à craindre quand son
« père le tient par la main, et lui man-
« que-t-il de respect en ne lui demandant
« pas où on le mène? C'est en se plaçant
« sur ce terrain là, qui est inébranlable,
« qu'on est le plus sûr de trouver le repos.

« Cela me suffit à moi. Est-ce à dire
« pour cela que l'humanité soit tenue de
« s'en contenter? A Dieu ne plaise que
« j'ose l'affirmer! Sa loi l'entraîne. Il faut
« qu'elle aille sans cesse se brûler les ailes
« à cette flamme aveuglante qu'elle ne
« peut contempler longtemps sans arriver
« au délire, à laquelle elle ne peut tour-
« ner le dos sans redescendre au rang de
« la brute. Pourquoi faut-il que les hom-
« mes aient cru devoir faire un champ de
« bataille de cette terre sainte du mystère,
« où il leur était commandé à tous d'aller
« chercher la vérité ; et qu'au lieu de s'unir
« religieusement dans une recherche res-
« pectueuse, ils prennent plaisir à se com-
« battre dans la nuit, hier encore en s'é-
« gorgeant, aujourd'hui en s'injuriant,
« chacun au nom de sa solution? Ici, tou-
« tes les solutions méritent le respect,
« parce qu'elles témoignent toutes d'une
« recherche de la vérité, et il ne saurait y
« en avoir d'impies, Dieu nous ayant or-

« donné à tous, sinon de l'atteindre, au
« moins de la poursuivre. Il n'y a d'impie
« que l'abrutissement stupide qui ne
« cherche pas, et l'intolérance béate qui
« défend qu'on cherche parce qu'elle a
« trouvé. »

J'étais plus jeune de 30 ans quand j'ai
écrit cela, peut-être aujourd'hui le dirais-je
autrement. Je ne sais pas si je le dirais
mieux ; je serais, en tous cas, bien embar-
rassé pour dire autre chose.

Et vous disais-je autre chose tout à l'heure
quand, à propos des misères de la vie présente, reniant pour elles le droit du calcul
et du raisonnement, j'invoquais « l'adoration quand même du Dieu de justice et de
bonté » en qui il faut se fier, quoiqu'il
arrive. Vie présente, vie future, les deux
problèmes n'en font qu'un, celui de la destinée humaine, dont le mot nous échappe
aussi bien pendant qu'après.

Assez de philosophie. Je finirais par faire
un vrai volume, qui ne tiendrait plus dans

la poche, et j'irais peut-être contre ce que
j'ai essayé de faire entrer dans votre esprit. Ou ne peut plus argumenter après
avoir proclamé le néant de l'argumenta-
tion. Là où la raison perd pied, le plus
sage n'est-il pas de se laisser porter et
bercer par le flot qui vous emmène?

Pourquoi l'oubli de sa personne, cette
vertu des vaillants et des forts, qui est
l'honneur de leur vie, pourquoi ne serait-il
plus de mise pour les choses de la vie
d'après? Est-ce bien, au surplus, s'oublier
soi-même que de s'endormir, calme et con-
fiant, dans les bras de la justice éternelle.
Où trouver ailleurs le sens de cette vie
éternelle que les prédicateurs font arriver
à la fin de tous leurs sermons?

Que ferai-je arriver à la fin du mien?

Celui dont les mères ont trouvé le nom,
personnification naïve de l'idée du bien,
douce et simple règle de vie à laquelle on
obéit de confiance, qui dispense de toute
théologie.

Le bon Dieu des petits enfants est encore le plus philosophique de tous, le seul qui ne soit pas un x. Il va droit au cœur, sans troubler l'esprit. C'est en lui qu'est le refuge.

Si vous ne devenez semblable à l'un de ces petits, est-il dit dans l'Évangile, vous n'entrerez pas dans le royaume des cieux.

JEAN MACÉ.

APPENDICE.

LE GRAND SAVANT.

———•———

Il y avait une fois un petit garçon qui était toujours le premier à l'école. Prix de grammaire, prix d'arithmétique, prix d'histoire, prix de géographie, il les avait tous. Quand venait la distribution des prix, il s'en retournait à la maison avec toute une pile de livres sous le bras, et la tête chargée de tant de couronnes qu'on ne la voyait presque plus. Aussi les gens se retournaient dans la rue pour le regarder passer; et le lendemain, au marché, la bonne parlait avec enthousiasme de son jeune maître, qui était déjà un grand savant. Tout cela, il faut le dire, enflait bien un peu le

pauvre petit, et il s'habituait tout doucement à prendre une haute idée de sa personne.

Il avait pour voisine une petite fille qui
venait souvent jouer avec lui. Elle n'avait
pas autant de facilité pour apprendre ; mais
c'était une bien gentille enfant, aimable
et douce avec tout le monde, obéissante
avec ses parents, et qui tous les soirs, avant
de se coucher, priait le bon Dieu de tout
son cœur de la rendre sage et bonne. Notre
tre grand savant commença bientôt à la
regarder du haut de sa grandeur. Il s'a-
visa un beau jour qu'une petite ignorante
comme elle était peu de chose pour lui, et
qu'il conviendrait pourtant de s'assurer de
ce qu'elle savait avant de lui continuer
l'honneur de sa compagnie. La chère enfant étant donc venue le chercher pour lui
montrer un beau livre d'images qu'elle
avait reçu de sa marraine, il l'accueillit
avec un petit air digne et froid qu'elle ne
lui avait jamais vu.

— Mademoiselle, lui dit-il, je ne demande pas mieux que d'aller avec vous ; mais auparavant je désirerais savoir si vous êtes en état de convertir une fraction ordinaire en fraction décimale.

Elle se mit à rire.

— Oh ! je n'en suis pas encore là. Je vais bientôt commencer la division.

— Il ne s'agit pas de rire : je parle sérieusement. Vous me direz bien au moins la différence qui existe entre une proposition principale relative et une proposition principale absolue?

— On nous l'a dit l'autre jour en classe ; mais je ne me le rappelle plus.

— Fort bien. Il est probablement inutile de vous demander en quelle année Rome a été fondée?

— Quelle drôle de question ! Tu sais bien que je viens seulement de commencer l'histoire des Égyptiens.

— De mieux en mieux. Je parierais presque que vous ne sauriez pas même me nommer les départements du bassin de la Loire?

Elle demeura muette. Ses connaissances géographiques ne s'étendaient pas encore jusqu'au bassin de la Loire.

— Mon Dieu! dit-elle enfin, après un moment de silence, à son sévère examinateur, qu'as-tu donc aujourd'hui? Laissons tout cela; nous ne sommes pas en classe; et viens voir mon livre d'images. Tu y trouveras toutes sortes de jolis contes qui te feront bien plaisir.

— Ma chère enfant, fit-il alors d'un petit ton protecteur le plus plaisant du monde, d'abord les contes ne m'intéressent plus guère. Vous comprendrez ensuite que j'en sais maintenant trop long pour vous. Il n'est plus convenable qu'on nous voie ensemble.

La pauvre petite ne put trouver d'autre réponse que de se mettre à pleurer, car elle aimait sincèrement son voisin le savant, et il lui semblait bien dur de le perdre à cause du bassin de la Loire et de la proposition principale absolue.

Comme elle le regardait d'un œil suppliant, ne pouvant se résoudre à s'en aller sans lui, sa marraine entra tout à coup.

C'était une vieille dame très respectable, et pleine de mérite, bien qu'elle fût peu connue ; mais cela ne vous étonnera pas quand je vous aurai dit son nom : elle s'appelait la fée Modeste. Elle n'aimait pas beaucoup ces distributions de prix d'où les petits enfants s'en vont avec des couronnes de laurier sur la tête, tout fiers et triomphants, comme des généraux victorieux. Pourtant elle ne voulait rien dire, car si la modestie est une belle chose, ce n'est pas une arme suffisante dans la bataille de la vie ; et il faut aussi mettre dans les enfants le germe de l'ardeur et de l'émulation, si l'on veut en faire des hommes. Elle les laissait donc aller sous leurs lauriers, sachant bien que la modestie viendrait toute seule à ceux qui seraient forts un jour.

Quant aux autres, elle pensait qu'il y aurait cruauté à leur enlever la petite gloriole
qui devait être leur fiche de consolation.

Le chagrin de sa chère filleule l'avait cependant touchée ce jour-là, et elle venait
pour corriger le vilain orgueilleux qui faisait couler ses larmes.

— Tu ne sais donc rien, ma chère enfant? dit-elle à la petite fille. Eh bien! sau-
ras-tu me dire ce qu'il faut faire pour bien
vivre?

— Oh! marraine, cela n'est pas difficile.
Il faut obéir au bon Dieu, et être bon
comme lui avec tout le monde.

— C'est déjà quelque chose; mais je con-
çois que cela ne suffise pas pour aller de pair
à compagnon avec un garçon aussi savant.

Venez avec moi, mon ami, continua-t-
elle en se tournant vers le petit garçon.
Vous en savez trop long, c'est vrai, pour
fréquenter les petites filles. Ce qui vous
convient maintenant, c'est la société des
savants et des écrivains.

Disant cela, elle le prit par la main, et il se trouva subitement transporté dans une des salles de l'Observatoire, où un homme de tournure imposante était assis à une longue table devant un amas de papiers couverts de chiffres. Celui-là était vraiment un grand savant. Il avait travaillé à la mesure de la terre, un travail bien autrement difficile que toutes les règles de trois. Il avait suivi dans sa marche la lumière qui fait 77,000 lieues par seconde, et avait calculé ce qu'il lui faut d'années pour nous arriver des étoiles qui sont nos plus proches voisines. Il pesait, la plume à la main, le soleil et la lune comme avec une balance, et trouvait d'avance par ses calculs le chemin que devaient suivre les corps célestes à travers les espaces infinis qui nous entourent.

La fée Modeste l'ayant salué, il lui sourit amicalement, et lui rendit son salut comme à une personne de connaissance.

— Bonjour, maître, dit-elle. Voici un

savant que je vous amène pour faire conversation avec vous!

Le grand homme n'avait pas de plaisir plus vif que de communiquer sa science à qui le désirait. Il tendit la main au petit garçon.

— Je vous fais mon compliment, lui dit-il. Savant, à votre âge! C'est très-beau. Voulez-vous m'aider à trouver une comète que nous attendons depuis un mois? Je cherche en ce moment ce qui a pu la retarder en route. Nous chercherons ensemble.

Chercher les comètes, c'était un peu trop fort pour notre écolier, qui n'était pas allé plus loin que la règle d'intérêt. Il déclina en rougissant la proposition.

— Eh bien! nous traiterons une question d'optique, ou d'acoustique, ou d'hydrostatique, à votre choix.

Le pauvre enfant, tout épouvanté, ne savait plus où se cacher.

— Vous connaissez au moins les logarithmes?

Il répondit, en retenant une envie de pleurer, qu'il ne connaissait pas ces bêtes-là, mais qu'il pourrait bien convertir une fraction ordinaire en fraction décimale.

Le vrai savant regardait la fée Modeste d'un air étonné, et il allait lui demander quelle espèce de savant elle lui avait amené là; mais elle ne lui laissa pas le temps de parler.

— Maître, dit-elle, il y a une petite fille qui dit que pour bien vivre il faut obéir au bon Dieu, et être bon comme lui avec tout le monde. En savez-vous plus long qu'elle là-dessus?

— A Dieu ne plaise que j'aille m'en vanter! Elle a dit tout ce qu'il y avait à dire, la chère petite.

Allons-nous-en d'ici, fit la fée à son compagnon. Il n'y fait pas bon pour vous.

Aussitôt ils entrèrent dans une vaste maison qui était habitée par un grand historien. De la cave au grenier, on ne voyait partout que livres rangés en ordre

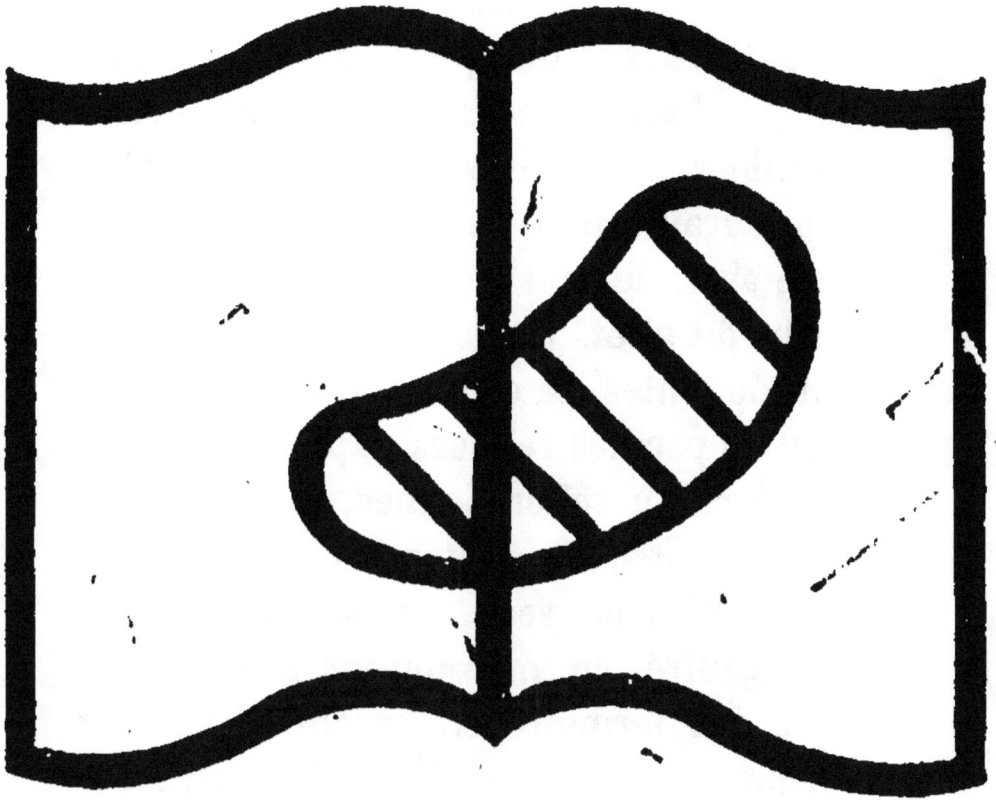

de bataille sur des planches qui avaient été clouées aux murs à toutes les places possibles. Il y en avait de si gros qu'un seul aurait fait la charge d'un homme. Il y en avait de tout petits, à mettre dans la poche du gilet. On voyait là des échantillons de toutes les couvertures de livres inventées par les relieurs depuis qu'ils ont des livres à relier, jaunes, rouges, blanches, noires, de toutes les couleurs, en parchemin, en veau, en bois sculpté, en cuir gaufré, en maroquin à filets dorés, avec des fermoirs en argent. Il y avait même de ces vieux livres du temps des Romains, faits d'une longue bande d'écorce préparée qui s'enroule aux deux bouts sur deux rouleaux de bois. On tourne les rouleaux en sens inverse, à mesure qu'on avance dans la lecture; et ceux qui ont lu dans ces livres-là peuvent se vanter d'être savants.

Ils passèrent d'abord dans une grande salle, consacrée à l'histoire des Égyptiens, des Phéniciens, des Babyloniens et des Perses ; et, pour lire les livres qui étaient là dedans, le propriétaire des livres avait dû apprendre l'hébreu, l'arabe, le persan ancien et moderne, et bien d'autres langues encore dont j'ai oublié les noms. Il savait déchiffrer les hiéroglyphes qu'on trouve sur les obélisques d'Égypte, cela va sans dire ; mais tout cela ne lui suffisait pas encore, et il ne pouvait pas se consoler de n'avoir pas appris le chinois. Venait ensuite la salle de l'histoire grecque, et naturellement l'historien savait le grec ; puis la salle de l'histoire romaine, et je n'ai pas besoin de vous dire qu'il savait le latin, non pas seulement le latin qu'on apprend dans les colléges, mais aussi le vieux latin des premiers temps de Rome, où le plus fort élève de rhétorique ne voit pas plus goutte que s'il n'avait touché de sa vie un dictionnaire latin. On arrivait de là toute une enfilade d'autres salles, consacrées chacune à l'histoire d'un peuple, et il y en avait tout autant aux étages supérieurs. Ils n'allèrent pas plus loin. L'historien était dans la salle de l'histoire romaine, absorbé par un gros livre allemand qu'un autre aurait peut-être trouvé bien ennuyeux, mais qui devait l'intéresser bien vivement, car il ne s'aperçut de leur présence que quand ils furent tout à fait sur lui.

Confondu à la vue de tant de livres, le pauvre garçon avait supplié la fée de ne pas le présenter comme un savant, lui qui n'avait encore dans sa petite tête que l'imperceptible manuel de l'école.

Quand le grand historien releva la tête, et qu'il aperçut la fée Modeste, il jeta son livre et lui tendit les mains avec empressement comme à une vieille amie.

— Soyez la bienvenue, s'écria-t-il ; je ne sais que trop combien j'ai besoin de vous.

— Maître, dit-elle, voici un petit garçon qui n'est pas encore un savant ; mais il sait pourtant en quelle année Rome a été fondée.

Il sourit doucement.

— Êtes-vous bien sûr de l'année, mon petit ami?

— Oh! oui, bien sûr. J'ai récité hier toute la page sans faire une seule faute.

— Eh bien! vous êtes plus savant que moi, car je n'en suis pas tout à fait sûr. Il y a même des gens qui, à force d'étudier, sont arrivés à prétendre que Romulus n'a jamais existé; mais je crois qu'ils vont trop loin.

Et comme la figure de l'enfant exprimait une profonde stupéfaction, il étendit la main vers cette montagne de livres qui s'élevait jusqu'au plafond de la salle.

— Si vous connaissiez seulement le quart des erreurs et des mensonges qui sont là dedans, cher enfant, vous vous étonneriez moins de mes paroles. Ceux qui ne savent rien sont les seuls qui ne doutent de rien.

— Maître, dit alors la fée, il y a une petite fille qui dit que pour bien vivre il faut obéir au bon Dieu, et être bon comme lui avec tout le monde. Doutez-vous de ce qu'elle dit là?

Le ciel m'en préserve! Il n'y a pas à douter de ce qu'elle a dit, la chère enfant.

Le jeune savant commençait à se trouver, comme on dit, dans ses petits souliers.

— Je vois bien, mon pauvre garçon, lui dit la malicieuse fée, que ces hommes-là sont trop forts pour vous. Je vais vous mener chez le plus grand écrivain de l'époque. Il vous fera moins peur, et vous pourrez causer grammaire avec lui.

Le plus grand écrivain de l'époque était une femme. Cela paraîtra peut-être incroyable, d'autant plus que les hommes ne conviennent pas volontiers de ces choses-là. Mais cette fois ils étaient obligés d'en convenir.

Elle reçut la fée Modeste avec une entière cordialité, dans un salon qui ressemblait à tous les salons du monde, et notre petit garçon se sentit tout à fait rassuré en se voyant en présence d'une dame très simple, qui n'avait rien de particulier que deux grands yeux noirs, avec une flamme dedans. Cependant ses deux premiers échecs l'avaient rendu timide, et il n'osait pas parler le premier.

— Madame, commença la fée, voici un enfant qui a bien appris sa grammaire! Il voudrait causer avec vous des règles du langage.

La dame, qui était pleine de complaisance pour les enfants, se mit à rire.

— C'est une conversation où je ne brillerai pas beaucoup, répondit-elle. J'écris ce qui me vient, et je ne m'occupe pas précisément des règles. Pourtant, si cela peut vous faire plaisir, mon petit bonhomme, de quoi voulez-vous parler ?

— Je pourrais bien, dit-il, vous expliquer la différence qui existe entre une proposition principale absolue et une proposition principale relative.

Elle se prit à rire de plus belle.

The head

— Quand j'étais petite, il n'était pas question de tous ces mots-là. Je ne sais pas trop ce qu'ils veulent dire, et je me passe très bien de le savoir.

La fée intervint pour faire cesser l'embarras de l'enfant, qui ne savait plus quelle contenance garder.

— Il y a, madame, une petite fille qui dit que pour bien vivre il faut obéir au bon Dieu, et être bon comme lui avec tout le monde. Pensez-vous qu'on puisse se passer de ce qu'elle dit là?

— Il y a malheureusement trop de gens qui s'en passent; mais, d'une manière ou de l'autre, ils en sont toujours punis. Si elle était là, je l'embrasserais de bien bon cœur, la brave petite fille! Elle a dit ce qui est nécessaire à tous.

— Jusqu'à présent nous avons peu de bonheur, reprit la fée en s'adressant au grammairien déconfit; mais ne nous décourageons pas encore. Il faut faire le tour de vos connaissances.

Il se sentit sur-le-champ emporté comme par un tourbillon impétueux, et, quand il revint à lui, il était dans une grande salle, d'une architecture magnifique, avec des cartes étranges suspendues aux murs de tous les côtés. Il reconnaissait bien la forme générale des continents, mais il ne retrouvait plus une seule des divisions géographiques auxquelles son œil était habitué.

— Où sommes-nous? dit-il à la fée.

— Au centre de l'Afrique, mon cher enfant, dans le pays le plus civilisé du globe à l'heure qu'il est; et cette salle est une des salles d'école du pays. Ne vous étonnez pas trop : je vous ai emmené à deux mille ans plus loin que l'époque où vous viviez tout à l'heure.

Au même instant les portes s'ouvrirent, et les écoliers entrèrent tous à la fois, les petits garçons d'un côté et les petite filles de l'autre. Il y en avait des blonds et des bruns, des roses et des pâles, des petits et

13

des grands, des tranquilles et des tapageurs, absolument comme à présent : tous avaient la peau blanche.

Je croyais qu'on avait la peau noire en Afrique, dit l'enfant à la fée.

— Il y a longtemps maintenant que la race blanche s'est emparée de toute la terre, et ce que vous avez lu dans votre livre de géographie sur les différentes races humaines ne signifie plus rien aujourd'hui.

Le maître entra à son tour. C'était un homme de haute taille, richement habillé, avec deux décorations sur la poitrine, car l'emploi de maître d'école était un des plus honorables qu'on connût dans ce pays-là, et les hommes du plus grand mérite accouraient en foule quand il se trouvait une place vacante. Les candidats faisaient chacun une classe l'un après l'autre, et c'étaient les enfants qui choisissaient.

La classe commença, et notre petit garçon, qui s'attendait à ne rien comprendre, fut tout étonné de voir que le maitre parlait français. Il est vrai qu'il n'en fut pas pas beaucoup plus avancé. Tous les noms étaient changés, et l'on citait des grandes villes, des fleuves célèbres, des contrées florissantes dont il n'avait jamais entendu parler.

La fée Modeste, qui vit son anxiété, prit la parole :

— Maitre, dit-elle, est-ce que vous n'apprenez pas à ces enfants-là les départements du bassin de la Loire?

Le maitre, qui était un homme de mérite, s'inclina devant la fée Modeste, car c'est l'usage des hommes de mérite de tous les temps.

— J'ai vu ce nom de Loire, dit-il, dans un très vieux livre de géographie, rempli d'erreurs, et où se trahit bien toute l'ignorance du temps, car il ne s'y trouve absolument rien sur le grand pays que nous habitons. Mais il y a longtemps que les départements dont vous me parlez n'existent plus. Tout ce pays s'est affaissé lors du grand tremblement de terre de 2500, et les poissons se promènent maintenant au-dessus des chefs-lieux des anciens départements.

— Et vous, mon enfant, reprit la fée en s'adressant à une petite fille qui suivait la leçon avec toute l'attention dont elle était capable, pourriez-vous me dire ce qu'il faut faire pour bien vivre?

— Il faut, répondit l'enfant, obéir au bon Dieu, et être bon comme lui avec tout le monde.

———

Elle avait à peine fini de parler que notre savant se retrouva dans sa chambre avec la fée, devant sa petite amie dont le regard le suppliait toujours.

— Ne trouvez-vous pas maintenant, mon cher monsieur, dit la fée, que sa science vaut bien la vôtre? Vous avez pu mesurer vous-même la valeur de ce que vous savez, et ceux devant qui vous n'êtes rien s'inclinent respectueusement devant ce qu'elle sait. Personne n'en sait plus long qu'elle là-dessus; personne n'en doute; personne ne peut s'en passer; et cela n'aura pas bougé d'une ligne dans deux mille ans d'ici.

— Alors, reprit le petit garçon avec un peu de mauvaise humeur, je n'ai plus besoin de me donner tant de peine à l'école, puisque c'est là le cas qu'il faut faire de ce qu'on y apprend.

— Ah! le petit scélérat! dit la fée en riant, je savais bien qu'il en viendrait là. Non, mon enfant, il ne faut pas raisonner ainsi. Ces hommes dont la science vous a effrayé n'en savaient pas plus long que vous quand ils avaient votre âge. S'ils n'avaient pas travaillé alors comme vous le faites, ils ne sauraient rien aujourd'hui, et c'est seulement en continuant de bien

apprendre que vous pourrez un jour devenir savant comme eux. Cette dame, qui ne
connaît pas les mots que vous avez appris,
en avait appris d'autres qui disaient la
même chose, et qui valaient peut-être
mieux. Ce n'est pas enfin une raison pour
ne pas étudier la terre que vous habitez,
parce qu'elle doit changer après vous. Tous
vos amis changeront, et vous aussi; cela
doit-il vous empêcher de vivre maintenant
en camarades? J'ai voulu seulement vous
montrer que vous aviez tort d'être si fier
de votre pauvre petite science, et surtout
de la mettre au-dessus de la science des
bons cœurs, la seule qu'on ne puisse dépasser, la seule certaine, la seule nécessaire, la seule qui ne change jamais. Em-
brassez ma filleule, et allez voir ses
images ; vous l'avez bien gagné.

Le petit garçon embrassa la petite fille,
qui le serra tendrement dans ses bras; il
alla voir les images, qui lui plurent infiniment; il lut les contes, qui lui apprirent

toutes sortes de choses dont il ne se doutait pas; et plus tard, quand sa bonne répétait devant lui qu'il était un grand savant, il se disait en lui-même qu'il n'y a qu'une seule science, la même pour les petits et les grands :

Obéir au bon Dieu, et être bon comme lui avec tout le monde.

JEAN MACÉ.

(*Contes du Petit Château.*)

Beblenheim, avril 1862.

TABLE DES MATIÈRES.

OUVRAGES DU MÊME AUTEUR

En vente

A LA LIBRAIRIE J. HETZEL ET Cⁱᵉ

ARITHMÉTIQUE DU GRAND-PAPA..... 1 vol. in-18, 3 fr.

CONTES DU PETIT CHATEAU......... 1 — 3 »

HISTOIRE D'UNE BOUCHÉE DE PAIN.. 1 — 3 »

LES SERVITEURS DE L'ESTOMAC..... 1 — 3 »

LA FRANCE AVANT LES FRANCS...... 1 vol. in-18, 2 »

LE THÉATRE DU PETIT CHATEAU.... 1 vol. in-18, 2 »

Paris. — Imp. Gauthier-Villars et fils, 55, Quai des Gᵈˢ-Augustins

www.ingramcontent.com/pod-product-compliance
Lightning Source LLC
Chambersburg PA
CBHW071938090426
42740CB00011B/1742